シリーズ「遺跡を学ぶ」014

黒潮を渡った黒曜石

見高段間遺跡

池谷信之

新泉社

黒潮を渡った黒曜石
―見高段間遺跡―

池谷信之

【目次】

第4章 「海の黒曜石」のゆくえ　51

第5章 遙かな神津島　85

第1章　水平線に黒曜石を求めて

1　荒波のなかの神津島

一九九六年七月二九日、海水浴客でにぎわう神津島前浜港《こうづしままえはまこう》を漁船武平丸で後にしたわたしは、船長の中村さん、ダイバーの鈴木さんとともに沖合六キロメートルにある恩馳島《おんばせじま》という小島をめざしていた。沖縄の南東を大型の台風が北上中で、海岸は遊泳注意、見渡すかぎり漁船の姿はなかった。

前浜海水浴場の人影が見えなくなるころには、うねりはしだいに強くなり、甲板に立っていることも難しい状態になった。わたしは船尾側に座り込んで、これ以上うねりが強くならないようにと祈っていた。操舵室と船べりの両方に手をかけてなんとか前方をのぞき込むと、めざす恩馳島は打ちつける波の飛沫に霞んでいるではないか。三年あまり前、神津島まで来ながら恩馳島には渡ることもできずに帰った悔しい思い出が頭をよぎった。またあの時の二の舞になるのかと。

そのころ国立沼津工業高等専門学校（当時）の望月明彦先生とわたしは、黒曜石の化学的な産地分析にとり組みはじめたばかりだった。黒曜石製石器の産地を決めるのには、基準資料となる日本全国八十数カ所の原産地黒曜石の化学組成をまず測定する必要がある。中部・関東地方のおもな原産地の黒曜石をすでに手に入れ、蛍光X線分析による化学組成の測定にもめどがつき、残るは神津島の黒曜石のみというところまで来ていた。

しかし神津島への最初の航海では、黒潮の海が荒れたときの凄まじさを身をもって体験するはめになってしまった。

下田を出る時に降り出していた雨は、神子元島《みこもとじま》が見えはじめるころには横なぐりとなり、視界がきかない状態となった。黒潮分流を横切るにはいささか小さい「あぜりあ丸」はわずかに一四六〇トン、どす黒いうねりはデッキにいるわたしの目

図1●荒波が打ち寄せる恩馳島

線より高く、波しぶきは甲板にも叩きつけてくる。甲板上では船のローリングに合わせて海水が左右に移動して、下半身はみるみるずぶ濡れとなった。うねりの頂部に持ち上げられると舵とスクリューが海面から抜けてしまうらしく、船はときおり失速に近い状態で波底にふらふらと沈み込んでいった。

「神津島をめざしても、たどり着けなかった連中も多かったでしょうね」

着岸後のわたしの第一声に、船室から上がってきた望月先生は、船酔いのためか視線の合わない表情でやっとうなずき、渡航の予想以上の厳しさを二人で確認しあったのだった。

このとき神津島には民宿を兼ねている漁師の家に二泊したのだが、じつはついに恩馳島に渡ることはできなかった。正確にいえば渡してもらえなかったということになる。もちろん、渡船の予約もしたし、翌日からは天気も回復していた。しかし、船を出してほしいというこちらの要求に、宿の主人は煮え切らない返事をくり返すばかりだった。

2 神集う島の黒曜石

神津島の黒曜石原産地

黒曜石は流紋岩質《りゅうもんがん》のマグマが地表近くまで上昇してきたときに、急冷されるなどの特殊な条件のもとに生成されるという。神津島は全島が流紋岩質の火山からなっているといってもよく、島内には恩馳島をはじめとして四カ所の黒曜石原産地がある。

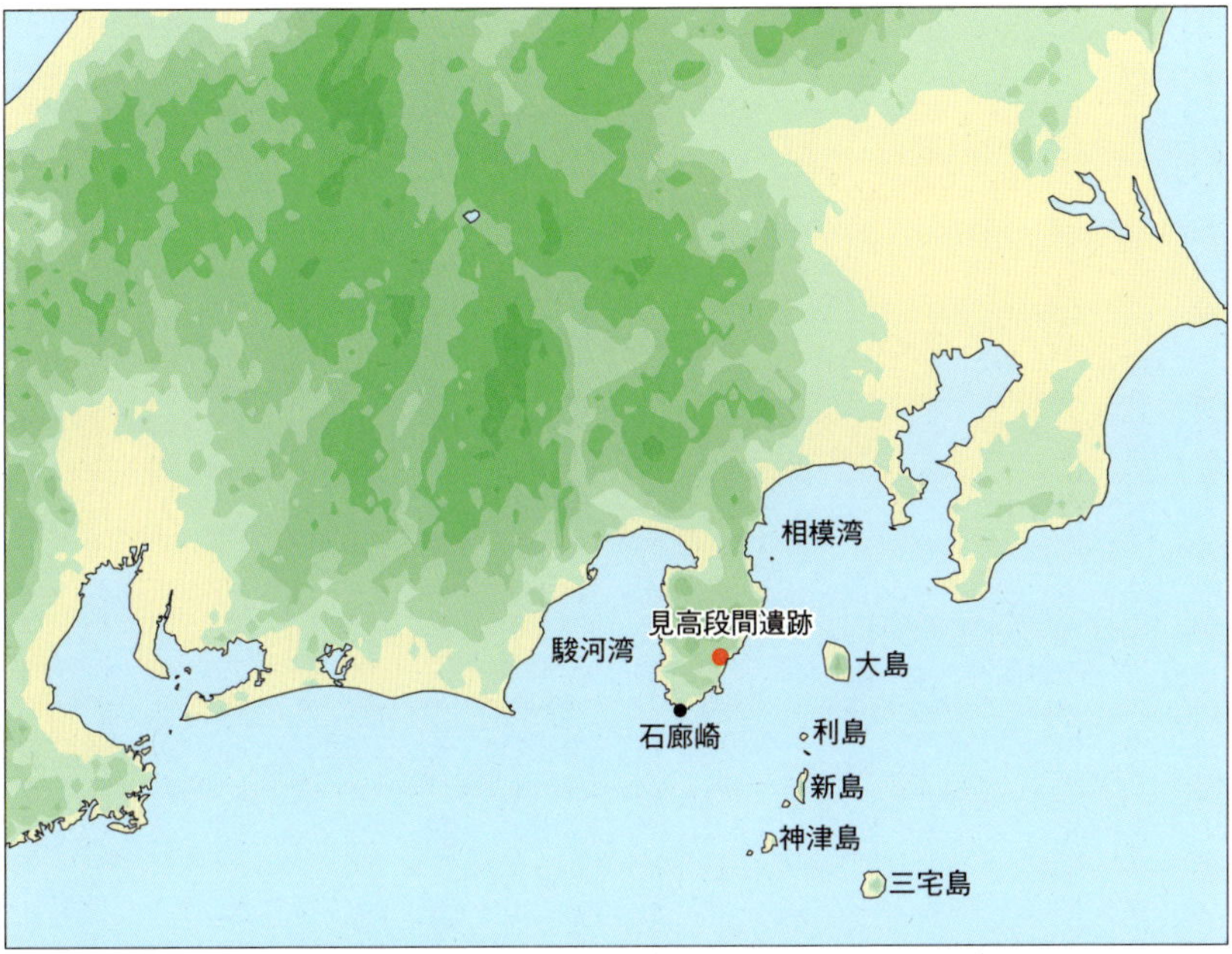

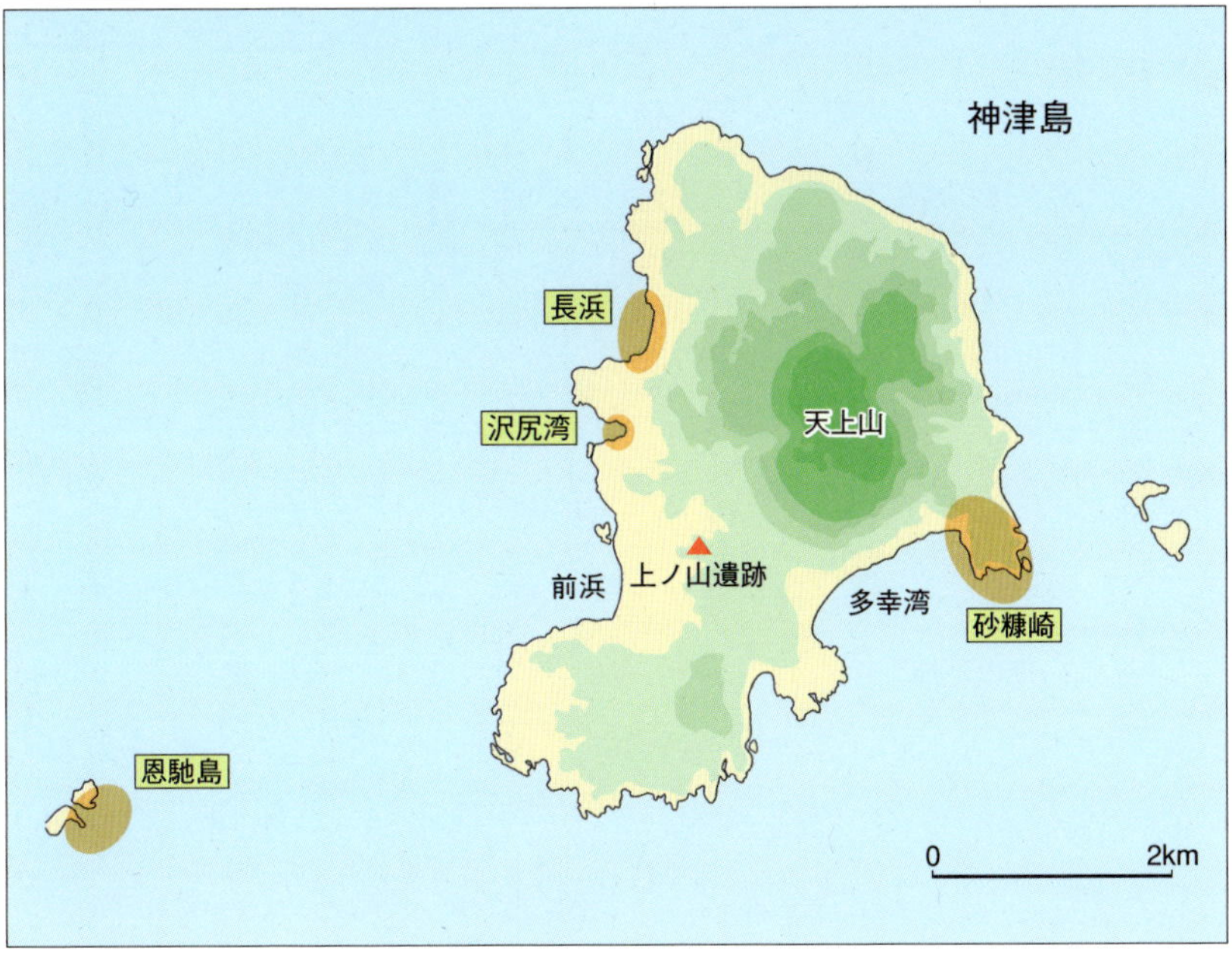

図２ ● 遺跡所在地（上）**と神津島内の黒曜石産地**（下、オレンジ色の個所）

これらの黒曜石はいずれも約五万年前に生成されたと考えられているが、後期旧石器時代の比較的早い段階（約三万年前）には旧石器時代人によって発見され、静岡県愛鷹《あしたか》山麓や箱根山麓ではさかんに石器の材料として使用された。

地質年代上の氷河期にあたる旧石器時代には、現在よりも最大で一四〇メートル近くも海面が低下し、恩馳島と神津島本島は地続きになっていた。しかし、伊豆と神津島の間にはそれでもなお約四〇キロメートルの海峡が横たわり、神津島黒曜石の本土側での出土は、旧石器時代の舟の存在を間接的に証明することになる。旧石器時代の海上渡航を示す事例は世界を見渡してもほとんど例がなく、神津島という黒曜石の原産地とその流通は、今や国外の旧石器研究者からも注目を集めるようになっている。神津島黒曜石は旧石器時代以降、縄文時代、さらに一部では弥生時代中期に至るまで、貴重な石器の材料として使われつづけた。

さて、なかなか船を出してもらえないため、まず本島の海岸にある三つの原産地をまわってサンプルを採取することにした。

砂糠崎　島の東海岸に突き出した砂糠崎《さぬかざき》の崖面に水平に続く黒曜石の帯を見ることができる。長さは露出している部分だけでも約八〇〇メートル、多幸湾《たこうわん》に浮かんだ船とくらべるとその長さを実感することができる（図3）。しかし、ここの黒曜石は細かくクラックが入りやすいため石器には向かなかったようで、産地分析の結果でも砂糠崎の黒曜石が使われた例は少ない。

沢尻湾　前浜港から直線距離で約三キロメートル北に行ったところに沢尻湾《さわじりわん》がある。黒曜石はこの沢尻湾に流れ込んだ火砕流が固まってできた凝灰岩《ぎょうかいがん》中に存在する。この黒曜石もあまり質はよくないが、湾内の海底では良質な転石が拾える。近くに別の黒曜石の岩脈がありそうだ。

長浜　ここは別名五色浜《ごしきはま》ともいわれ、海岸はその名のとおり赤・白・緑・黄・黒の石で埋めつくされている。黒はもちろん黒曜石で、水磨されて表面は灰色になっているが、割ってみると非常に質のいい部分が顔を出す。沢尻湾と同じように岩脈は近くの海底にあると思われる。

長浜の山側に三島大神《みしまおおかみ》の后、阿波命《あわのみこと》を祀る長浜神社があり、地元では浜の石を持ち帰るとこの祭神の「たたり」があると信じられている。そもそも神津島という名前は、事代主命《ことしろぬしのみこと》が島づくりのためこの島に神々を集めたという神話からつけられている。長浜神社に掲げられた縁起で「たたり」の話を知ったわたしは、往路で荒波の洗礼を受けていることもあって、ビニールに詰め込んだ四色の石をそっと海岸に戻した。もちろん、黒色の石だけは残して。

図3 ● 砂糠崎原産地
船の上方に見える対岸の黒い帯が黒曜石の岩脈。

恩馳島の黒曜石に手をだすな

恩馳島は神津島本島から約六キロメートル南西の沖合に浮かぶ小島である。その海底には大規模な黒曜石の岩脈があるといわれ、神津島産といわれる黒曜石の多くはここから運び出されたと考えられている。

本島内の黒曜石はすべて集めたが、かんじんの恩馳島に渡れないのでは、ここに来た目的が果たせない。神津島滞在の二日め、昼食に入った喫茶店でわたしたちのそんな話を聞いていた主人が話しかけてきた。主人によれば、信心深い漁師は島のものが外に持ち出されるのを嫌うが、とくに恩馳島の黒曜石には神経質になる人が多いという。

たしかにここは神津島、神が集う島なのだ。宿が船を出すのを渋っているわけがようやく理解できた。帰り際に、「うちでもらったことは内緒にしてくれ」と言いながら主人がそっと差し出した包みには、一〇キログラム近い黒曜石の塊が入っていた。

原石のサンプルには最終日に立ち寄ったダイビングショップで分けてもらった十数点の小石が加わった。しかし、信頼できる化学組成を得るためには少なくとも三〇点以上の原石が必要である。また、海底に延々と続いているという黒曜石の岩脈はどうしてもこの目で見てみたかった。

再び神津島へ

今回は事前の調査を十分にして、恩馳島に渡してくれるという漁師をさがしあてたうえで渡

図４ ● 黒曜石を持って浮上したダイバーの鈴木さん

図５ ● 恩馳島海底の黒曜石
黒から灰色に見える石すべてが黒曜石。岩脈から剥がれたばかりは黒色の角礫だが、しだいに灰色の円礫になる。

航した。素潜りなら多少の自信があるわたしは、シュノーケルとフィン、水中カメラも用意して万全の準備で臨んだつもりだったのだが……。

飛沫のなかから姿をあらわした恩馳島の周囲には、高波が打ちつけて幅一〇〇メートル近い「サラシ」が出ていた（図1）。これはとても接岸できる状態ではない。見ると船首側にいたダイバーの鈴木さんはいつの間にか潜水スーツを着込み、酸素ボンベを背負って海に入る準備を終えていた。わたしは立つのもやっとというのに、さすがに海の男はちがう。船は「サラシ」からさらに一〇〇メートルくらい離れた場所で停止した。

「上がるところ、よく見といてな」とだけ言い残して彼は波間に沈んでいった。

レギュレーターから吐き出される泡はたちまち潮流に流され、うねりにも遮られてすぐに見えなくなった。船も南へ南へと流されるので、中村さんはときおりエンジンの回転数を上げて位置を保とうとしている。実際に潜っていたのは一〇分にも満たない時間だったのだろうが、それが待っているわたしにはずいぶんと長く感じられた。わたしが持ってきたシュノーケルとフィンはとっくに投げ出され、ゆれる甲板の上を動きまわっている。この海にレジャー用の道具を持ち込んだ自分がなんとも気恥ずかしかった。

やがて天草採り用の大きな網を大小の黒曜石でめいっぱいにして、鈴木さんは船のすぐ横に浮上してきた（図4）。こうして三年越しの念願であった恩馳島の黒曜石を十分すぎるほど手に入れることができたのである。黒曜石で埋まった海底の姿を見たいという夢は、鈴木さんがもう一度潜って撮ってきてくれた海底写真（図5）によって少しだけかなえられた。

第2章　神津島黒曜石の陸揚げ地

1　見高段間遺跡の発見

黒潮と伊豆南東海岸

この神津島黒曜石を大量に陸揚げし、南関東や伊豆一円の黒曜石流通の中心地となった遺跡が、伊豆南東海岸の河津町《かわづまち》にある。見高段間《みたかだんま》遺跡といい、最近では「神津島黒曜石の陸揚げ地」ともよばれている。しかし、神津島から見て最短距離にあるのは伊豆南端の石廊崎《いろうざき》で、見高段間遺跡はここからさらに二五キロメートル近くも海岸を北上した位置にある。なぜもっとも近い場所に陸揚げ地を求めなかったのだろうか。

じつは、この石廊崎沖は古くから太平洋航路の難所中の難所として船乗りから恐れられていて、海が荒れると現在の大型貨物船でも「風待ち」を強いられる場所である。しかし、縄文人が見高段間に上陸地を選んだ理由はそれだけではない。

駿河湾の南方で本流から分岐した黒潮分流は、神津島・新島《にいじま》・利島《としま》・大島《おおしま》と続く島なみと伊豆半島の間を通過し、複雑な反流（相模湾流）を生みだしながら房総方面へと向かっている（図6）。その平均的な速度は四キロメートル前後であり、巡航速度約五キロメートルの縄文の丸木舟は、この流れの影響を受けて大きく北東方向に流されてしまう。伊豆南端への着岸はよほど海流の弱いときでなければ難しい。わたしの尊敬する南伊豆のシーカヤックガイドの塩島さんは、伊豆南端と伊豆七島間のシーカヤックでの航海を何度か成功させているが、やはり帰路は海流の影響を受けて伊東あたりへ着岸することが多い。

伊豆南東海岸の入り口となる爪木崎《つめきざき》は高いうねりが寄せる場所として知られ、その北側の白浜はサーフィンのさかんな波の立つ海岸である。さらに切り立った菖蒲沢《しょうぶざわ》海岸を越え、

図6 ● 見高段間遺跡と神津島の間を流れる黒潮分流

今井《いまい》浜《はま》に至ってようやく沖積地に面した穏やかな海岸が出現する。その今井浜北側の海蝕台上に見高段間遺跡はある。仮に黒潮分流の影響を強く受け、さらに北に流されたとしても、伊豆東海岸を南に向かって進む反流に期待することもできる。

見高段間遺跡の「神津島黒曜石の陸揚げ地」という性格は、神津島からの航路、そして地形と海流などの自然条件を視野に入れたとき、初めてよく理解できるのである。

見高段間遺跡の発見と後藤粛堂

「伊豆へ島流し」という。今でこそ、東伊豆の入り口である熱海から下田までは、JR東海の踊り子号で一時間二〇分、車窓左手には相模湾がひろがる快適な旅である。しかし、かつては切り立った海岸線に阻まれて、船に頼らなければならない時代が長く続いた。そ

図7 ● 見高段間遺跡遠景
手前から、河津川河口、河津浜、小さな岬の向こう側に今井浜、その先の海蝕台上に見高段間遺跡がひろがる。

図 8 ● 見高段間遺跡と周辺の地形

図９ ● 上方から見た見高段間遺跡（伊豆南端方向を望む）
写真下方の小学校周辺が遺跡所在地。

の意味でまさに伊豆は「半島」ではなく「島」だった。

そうした悪条件にもかかわらず、考古遺物の多彩さにひかれ、多くの学者が伊豆へ向かう船上の人となった。その一人に後藤肅堂《しゅくどう》という在野の研究者がいる。ただし、一九二六年（大正一五）一月の伊豆旅行の主目的は、曽我兄弟の仇討ちで知られる河津三郎の出生地を訪ねることではあったが。しかし旅先の後藤に、正月で帰省していた河津出身の知人から見高段間遺跡発掘の知らせが舞い込む。村では「来られるなら、ある程度工事を中止して全村歓迎する」そうだ。後藤は「千載一遇」と日誌に三度も記し、予定を変更して見高段間遺跡に乗り込んだ。

桟橋に降り立った後藤の前には、当時の下河津村助役をはじめ、下河津や稲取《いなとり》の小学校長、近在の寺の住職などがそろい、まさに村をあげての歓迎となった。

発掘調査は旧見高小学校移転のために、前年八月より見高段間の地で造成工事がおこなわれたことに端を発する。調査の指揮は校長であった土屋宗吾がとっていたが、もちろん土屋は考古学の専門家ではない。しかし校庭に散乱している黒曜石をときおり拾い集めなくては、危なくて遊べないほどの場所である。つぎつぎと掘り出される遺構や遺物のあまりの多さに、手を出さずにはいられなくなったのだろう。

地元有志だけの調査が難渋したのは容易に想像できる。そこへ東京から学者が来たのである。村民の後藤に対する期待の大きさは、急遽翌日に講演会が開かれしかもそれが大盛況だったことにもあらわれている。後藤は土屋校長を励まし、この重要な遺跡の保護を託したという。土屋校長もこれに応えるように敷地造成後も可能なかぎり現地に遺構を残し、研究者を迎え入れた。

この後、記録に残るだけでも静岡県史跡調査委員の足立鍬太郎《くわたろう》、堀田美櫻男《みさお》、東京大学人類学教室の中谷治宇二郎《じうじろう》が現地を訪れている。

大場磐雄と第Ⅰ次調査

見高段間遺跡発掘の知らせは後藤によって彼と親交のあった國學院大學の大場磐雄《いわお》にも届いた。大場は一九二七年（昭和二）の三月、四月と六月の三回にわたり遺跡を訪れ、現地に残されていた敷石住居《しきいしじゅうきょ》・配石《はいせき》などの遺構や多量の遺物の実測をおこない、約九〇頁におよぶ『南豆見高石器時代住居址の研究』を著している。当時の調査報告書としては破格の大冊であり、大場のこの遺跡に対する意気込みをうかがい知ることができる。

大場がもっとも注目したのは、四軒が確認された縄文時代中期後半の敷石住居址と多量の黒曜石製石器であった。出土した黒曜石製の石鏃《せきぞく》はじつに五八〇点に達し、石屑《いしくず》は

図10 ● 大場磐雄
1937年、羽黒神社にて。

図11 ● 昭和初年、第Ⅰ次調査のころの見高段間遺跡

なお校庭に無数に散乱している。よく知られる重さ一九・五キログラムにもなる巨大な黒曜石原石（図12）もこの時に発見されている。大場はこの遺跡が黒曜石製石器の製作地であるとみて、その原産地を天城山系《あまぎさん》（柏峠）であると想定している。当時は神津島黒曜石の存在が広く知られていなかったため、大場がもっとも近い天城山に黒曜石の原産地を求めたのも無理からぬことであった。

しかしまた、大場は黒曜石の外観について、①濃黒色不透明で白斑の点在するもの、②淡黒色半透明で縞状黒色の夾入物があるもの、③淡色半透明のものがあることを指摘して、原産地の科学的究明がおこなわれることを期待している。①と②は神津島黒曜石の、③は信州産（おそらく諏訪）の特徴をかなり正しく言いあてており、すぐれた博物学者でもあった大場の面目が示されている。

こうして六〇年以上におよぶ調査と研究の歴史は開始されたが、その後、見高段間遺跡については黒曜石の石器製作地という性格よりも、敷石住居址に注目が集まることが多くなった。

図12 ● 見高段間遺跡最大の黒曜石の原石
重さ19.5kg、下の石鏃とくらべるとその大きさがわかる。
表面には石器製作時のパンチ痕が無数に残る。長く集落内におかれ、この上で石器づくりがおこなわれた。

この当時は、南多摩の高ヶ坂《たかがさか》遺跡で敷石住居址が発見され学会の注目を集めはじめたばかりのころであり、見高段間遺跡はこれに続く伊豆の類例という側面が強調されていった。

2　学校に守られた遺跡

遺跡保護の伝統と第Ⅱ次調査

第Ⅱ次調査の契機となったのは見高小学校から名前を変えていた河津東小学校で、一九六八年におこなわれた校庭整備であった。第Ⅰ次調査の五号敷石住居址は木柵に囲まれて校庭隅に保存さていたが、その修築の際に新たな敷石住居址が発見された。同校の教職員は日ごろから地下遺構の保存について校長より注意を促されていたそうで、すぐに整備作業は中止され遺構保護の対策がとられることになった。第Ⅰ次調査を指揮した土屋宗吾校長の熱意は、四〇年以上の時を経てもこの学校にしっかりと根づいていたのである。

住居址発見の知らせは、校長から河津町教育委員会を通じて静岡県教育委員会に伝えられた。県と町では松崎高校に校長として勤務していた考古学研究者長田実《おさだみのる》を団長として調査体制を整え、発見された住居や周囲の遺構の分布状況の調査をおこなった。

調査の結果、新たに敷石住居址を含む九軒の住居址が確認され、第Ⅰ次の調査結果もあわせると、住居の多くは台地の縁辺に近い部分に集中することが明らかになった。見高段間遺跡はその後の調査によって環状集落であることが判明するが、それにつながる貴重な成果である。

第Ⅱ次調査の三軒の住居址については鉄骨造りの上屋がかけられ、野外に保存展示されることになった（図13上）。設計者は当時の校長小林宜三郎《せんざぶろう》である。また八号住居址には茅葺き屋根の復元が計画され、父兄や地元の古老の協力のもとで柱や屋根材の伐採、茅刈り、茅葺きがおこなわれた。ここでも遺跡保護の主役は学校関係者であった。

「信州産」黒曜石のなぞ

長田とともに調査を指導した寺田兼方《かねかた》は、「一般に黒曜石の原産地に近づくほど、黒曜石製石器の比率が高くなる」として、大場と同様に天城柏峠産黒曜石の石器製作地という遺跡の性格を強調した。しかし、出土した黒曜石を鉱物学的に分析した静岡大学の鮫島《さめじま》輝彦は、「長野県和田峠産黒曜石の測定値と完全に一致した」と、これとはまったく異なる見解を示した。これからしばらくの間、見高段間遺跡は「信州産」黒曜石の石器製作地となる。

大島近海地震と第Ⅲ次調査

一九七八年一月、大島近海を震源地とするマグニチュード七・〇の直下型地震が伊豆東海岸を襲った。これより前、伊豆半島では一九七四年に伊豆半島沖地震、一九七六年に河津地震とたて続けに大きな地震があり、すでにゆさぶられていた地盤は各地で大きな土砂崩れを起こして人や民家を飲み込んだ。被害は河津町だけでも死者一一名、重軽傷者二八名、住宅の全半壊七二棟にのぼる。とくに見高段間遺跡に近い見高入谷《みたかいりや》では、山津波に民家四棟が巻き込まれ、

図 13 ●第Ⅱ次調査の敷石住居址（下）とその保存施設（上）（1978 年当時）

七名の死者を出している。

一九二六年（大正一五）の第Ⅰ次調査後に建てられて五〇年以上が経過していた河津東小学校も被災し、鉄筋コンクリート造りの校舎に建て替えられることになった。これに先立っておこなわれたのが第Ⅲ次調査である。

その年の八月、見高段間遺跡三度めの調査が始まった。前回の調査も指揮した長田実（当時静岡県文化財審議委員）を団長として、外岡龍二《りゅうじ》（県立下田北高校）、後に河津町教育委員会の文化財担当となる宮本達希《たつき》をはじめ地元の研究者や学生が参加した。新校舎建設予定地一二〇〇平方メートルの範囲内には一学期いっぱい使われていた木造校舎が残っていたため、「コ」の字状に配された旧校舎の中庭部分から手がつけられた。

調査範囲は台地東側の傾斜面にあたるが、一九二五～二六年当時の整地工事によって丘陵尾根上の高い部分から削られた土砂が数十センチメートルの厚さで埋め立てられていた（図15）。したがって図19の標高四二メートルないし四四メートルの等高線は、原地形ではより南の校地内まで延びていたことになる。さらに整地層の下には、東側から入り込んだ埋没谷を埋める縄文早期～中期の遺物包含層が厚く堆積していた。

予想外の厚い地層に阻まれ発掘作業は難航した。調査員の主力が教育関係者や学生であったこともあって、調査はいったん九月下旬に中断され、県文化課の栗野克巳《かつみ》と山下晃《あきら》を担当者として調査の体制が再編成されている。

図14 ● 第Ⅲ次調査（上）とその終了時（上）の状況
上：縄文時代中期後半の調査が終わり、その下の遺物包含層を掘り下げているところ。
下：左上に第Ⅱ次調査敷石住居址の保存施設が見える。上方には相模湾がひろがる。

黒曜石総重量二五四キログラム

一〇月一六日に再開された調査は、ながく中期後半の（敷石）集落址という側面が強調されてきた見高段間遺跡を、再び黒曜石の中継地として再評価させるきっかけとなった。

かつての表土である3層をはがすと、縄文時代中期後半の住居址があらわれた。合計で八軒の住居址が発見されたが、そこに流れ込んだ土（覆土）や、中期後半の包含層となる4層から大量の黒曜石が出土している。わずか七四〇平方メートルの調査範囲から得られた縄文中期の黒曜石総重量は五五キログラムにもなった。第三号住居址の覆土約一メートル四方を水洗選別したところ、一センチメートル以下の微細な剥片《はくへん》を一リットル集めることができたという。調査担当者はここで石器製作がおこなわれたか、他の場所でおこなわれた石器製作の残滓が一括して住居址内に投棄されたものと考えている。

明らかに石器製作址と考えられる遺構は二カ所で見つかっているが、その内の一つでは、長径一五センチメートル程度の石核《せきかく》二点と、九センチメートル近くの大形のものを含む剥片七四点が、わずか七〇センチメートル×二五センチメートルの範囲に重なるように分布していたという。見高段間遺跡のシンボルともなっている重さ一九・五キログ

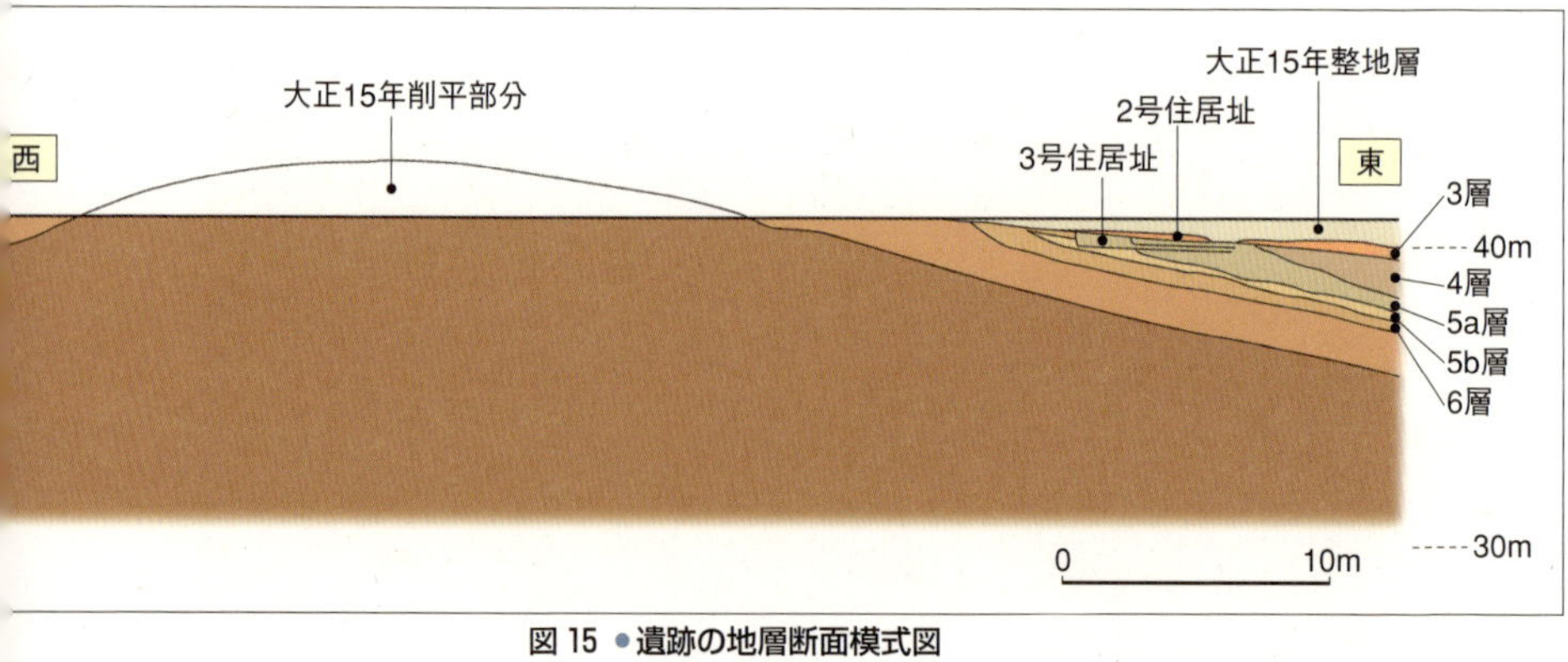

図 15 ● 遺跡の地層断面模式図
遺跡の相模湾側（東側）の斜面に遺物包含層が厚く堆積している。
一番茶色く示した部分は海蝕台を形成する安山岩の地盤。

ラムの黒曜石原石は、第Ⅰ次調査の際にこれらの住居跡群のやや西側から発見されている。大場磐雄もこの原石の周囲に黒曜石の破片が散乱していたことを記しており、縄文時代中期後半に大形の原石を含む大量の黒曜石が持ち込まれ、さかんに石器製作がおこなわれていたものと考えられる。

しかし見高段間遺跡における黒曜石量のピークは中期後半ではなく中期初頭にあった。中期後半の包含層である4層をとり除くと、その下の5a層から中期初頭の土器にともなってさらに大量の黒曜石が出土してきた。図16はある日ある区画の出土遺物を撮影したものである。遺物一点一点の出土位置をパソコンに取り込むことがあたり前になった今日では、懐かしさを覚える光景だが、黒曜石ばかりでなくその他の石器や土器があっという間に山積みとなっていった。

5a層から出土した中期初頭に属する黒曜石の重量はじつに一四五キログラムに達した。調査面積は七四〇平方メートルであるが、5a層が実際に分布する範

図16 ● 5a層から出土した遺物
中央下は石錘・石匙などの石器、その左は黒曜石、右上が中期初頭の土器、その下が炭化した種子。

囲はその半分にも満たない。神奈川県の中期初頭集落としてはもっとも多くの黒曜石を出土した原口《はらぐち》遺跡の黒曜石総重量九〇キログラム、調査面積五万九〇〇〇平方メートルと比較すれば、この見高段間遺跡の黒曜石がいかに多いか実感できるだろう。

縄文前期〜早期の包含層（5b層・6層）も加えた調査範囲全体での黒曜石の総重量は二五四キログラムとなった。ごく少なく見積もっても、遺跡全体ではさらにその数十倍の黒曜石が存在しているはずである。

3　神津島黒曜石の陸揚げ地・見高段間遺跡

神津島黒曜石と鉱物学的産地推定法

神津島に黒曜石の原産地があることは、じつはかなり古くから知られていた。一九〇一年（明治三四）には坪井正五郎《つぼいしょうごろう》が伊豆大島の竜ノ口《たつのぐち》遺跡から出土した黒曜石を神津島産ではないかと考え、その海上交易について論じている。日本における黒曜石研究のパイオニアの一人である小田静夫《しずお》によれば、この坪井の記述が神津島黒曜石の学史上の初見になるという。その後、伊豆諸島における組織的な考古学調査がほとんどおこなわれなかったこともあり、神津島黒曜石の存在は忘れ去られたままになっていた。

神津島の黒曜石が再び注目されるのは、一九五七年に東京都教育委員会による伊豆諸島の文化財総合調査がおこなわれ、大島や式根島、新島などに点在する縄文時代の遺跡から多量の黒曜石が出土してからである。しかし報文では神津島を基点とする島嶼間の黒曜石交易が論じられたものの、その供給圏として伊豆を含む本土側が意識されることはなかった。

このころすでに黒曜石の産地推定方法として、黒曜石に含まれる微細な斑晶《はんしょう》（晶子《しょうし》）の形を比較する「晶子形態法」や、産地ごとの屈折率の違いを根拠にする「屈折率法」が開発されていた。しかし、こうした鉱物学的特徴は黒曜石の供給源である地下のマグマの構成物質の違いだけでなく、それが冷却し生成してくる環境によっても影響を受けるため、同じ産地内でも変化の幅が大きく、その推定結果に多少の不安を残していた。一九七二年の見高段間遺跡第Ⅱ次調査報告において、鮫島輝彦が和田峠産であると誤った結果を導いたのも、こうした方法論的な問題点が未解決であったことが背景にある。こうした事情から「晶子形態法」や「屈折率法」が神津島黒曜石の流通を明らかにすることはなかった。

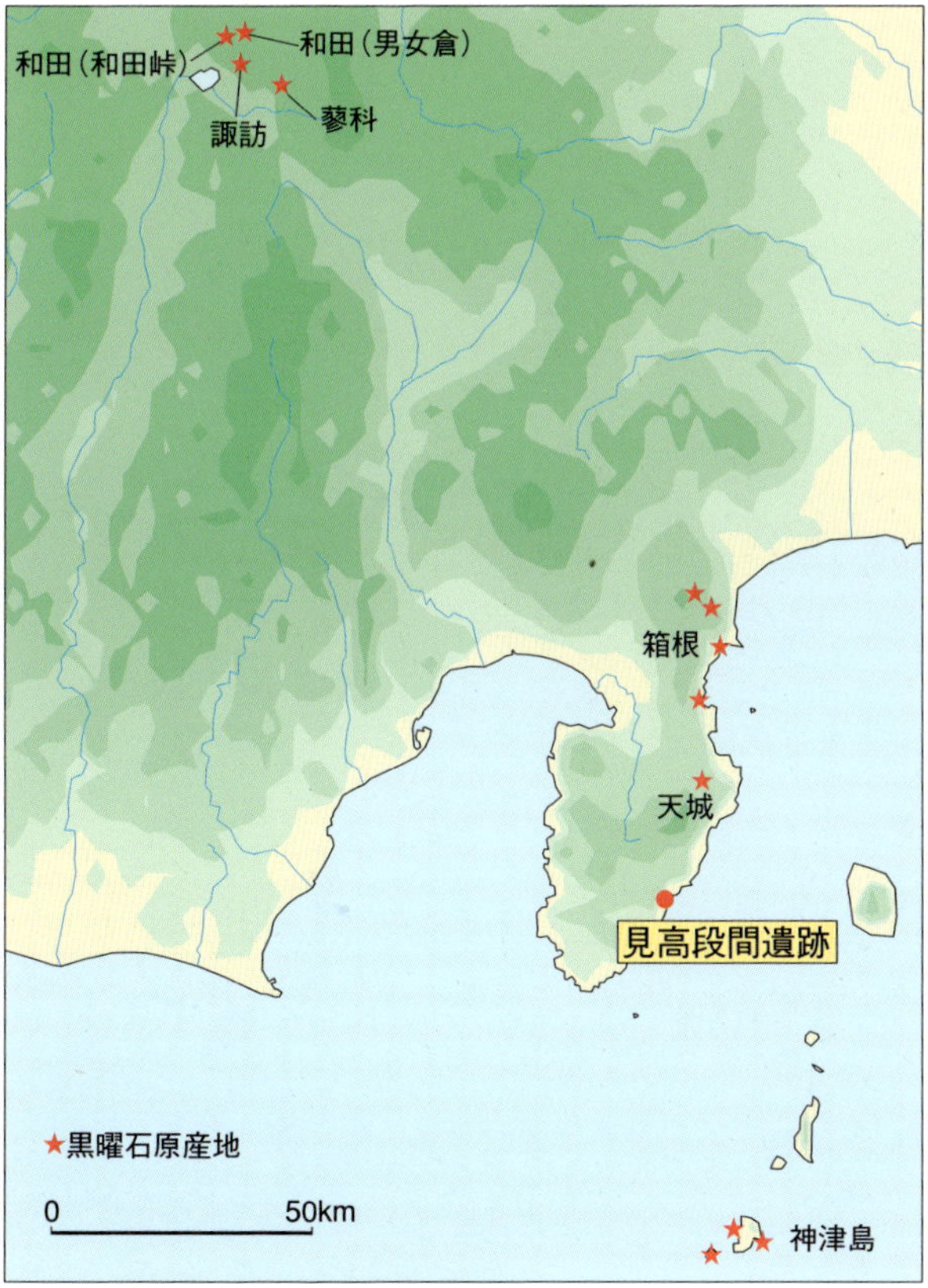

図17 ● 中部地方のおもな黒曜石原産地

しかしわたしは、本土側における神津島黒曜石の発見が遅れたのには、もう一つ理由があると考えている。良質な黒曜石イコール信州産黒曜石という研究者の先入観である。神津島、とくに恩馳島黒曜石のサンプルが入手しづらかったこともあって、良質で透明感のある黒曜石は信州産で、質が悪く斑晶が多いものは箱根産や高原山《たかはらやま》産（栃木県）である、という肉眼での識別法が比較的最近まで流布していた。こうした認識のもとに多くの黒曜石が、「神津島産では？」という疑問をもたれることなく見過ごされてきたのである。

化学的産地推定法の登場

黒曜石内部にごく微量に含まれるウランの同位体ウラン238は、自発的に核分裂を起こす性質があり、鉱物や天然ガラス内にその飛跡（自発核分裂飛跡＝フィッショントラック）を残す。その数は黒曜石の生成した時点からの時間経過と黒曜石内のウラン濃度によって決定されるため、飛跡とウラン濃度を計測することによって、黒曜石の生成年代を求めることができる。各地の原産地黒曜石の年代と遺跡出土黒曜石の年代を対比することによって産地を推定する方法を「フィッショントラック法」という。

一九六九年に鈴木正男がこの方法によって、黒曜石の化学的産地分析を国内で初めて実用化すると、神津島黒曜石をめぐる状況は変わりはじめる。小田静夫はこの鈴木の成果にいち早く注目し、伊豆諸島の縄文遺跡から出土した七二点の黒曜石の分析を依頼している。その結果、伊豆諸島に流通した黒曜石のほとんどが神津島産であることが明らかとなった。黒潮本流を越えた三宅島や八丈島での神津島黒曜石の出土は、縄文時代人がすでに高い航海技術を身につけていたことを示すものとして当時の学界から注目されることとなった。さらに小田と鈴木は具体的な遺跡名こそあげなかったものの、すでに分析を終えた本土側の縄文時代の資料中に、神津島産の疑いの強いものがあることを付け加えている。

　こうして神津島黒曜石の本土側への流通が、化学的な根拠をもって実証される条件は整った。一九七七年、中期初頭土器の標式遺跡ともなっている平塚市五領《ごりょう》ヶ台《がだい》遺跡の黒曜石五五点を分析した鈴木正男は、そのうちの約六七パーセントにあたる三七点が神津島産であるという分析結果を示した。神津島黒曜石は相模湾を越えた南関東に運ばれていたばかりではなく、時期によっては信州系黒曜石に代わって石材組成の主体を占めている可能性さえ浮上したのである。

神津島黒曜石の陸揚げ地

　こうした鈴木の先駆的な研究に刺激された高橋豊は、晶子形態とエネルギー分散型マイクロアナライザー（ＥＤＸ）という機器を用いて測定した化学組成を組み合わせて、独自の産地推定法を実用化した。一九八六年、高橋は伊豆半島から出土する黒曜石の多くが神津島産ではないかと予測し、神津島黒曜石の産状の調査やその晶子形態の詳細な分類を果たしたうえで、見高段間遺跡出土の早期〜中期中葉の黒曜石二六点を分析した。結果は高橋の予想どおりであった。天城《あまぎ》柏峠《かしわとうげ》産とされたものが一点、晶子形態と化学組成の結果が一致しないものが一点含まれていたものの、そのほかの二四点は神津島産の確率が高いと判断されたのである。

見高段間遺跡から天城柏峠までわずかに二〇キロメートル、その柏峠産の黒曜石がほとんど含まれていない。当時まだ二〇代のわたしはデビューしたての土器研究者で、見高段間遺跡第Ⅲ次調査の土器分類作業に参加していたが、この結果を伝え聞いて、驚きとともに黒曜石産地分析の大きな可能性をうらやましくも感じていた。

第Ⅰ次調査から六〇年、ようやく見高段間遺跡は「神津島黒曜石の陸揚げ地」となった。

環状のムラ見高段間遺跡

その後、見高段間遺跡は、範囲確認調査や保育園新築にともなう調査（第Ⅴ次）、体育館建設にともなう調査（第Ⅵ次）、など、第Ⅷ次までの調査がおこなわれている。結果的に学校のグラウンドをとり巻くように調査が進行し、見高段間遺跡の全貌がしだいに明らかになってきた。

第Ⅲ次調査では集落の北東側から入り込む埋没谷から、縄文時代中期初頭に属する黒曜石以外にも多量の土器や漁網用の石錘《せきすい》、磨石《すりいし》、石皿《いしざら》、炭化した種子などが出土した。

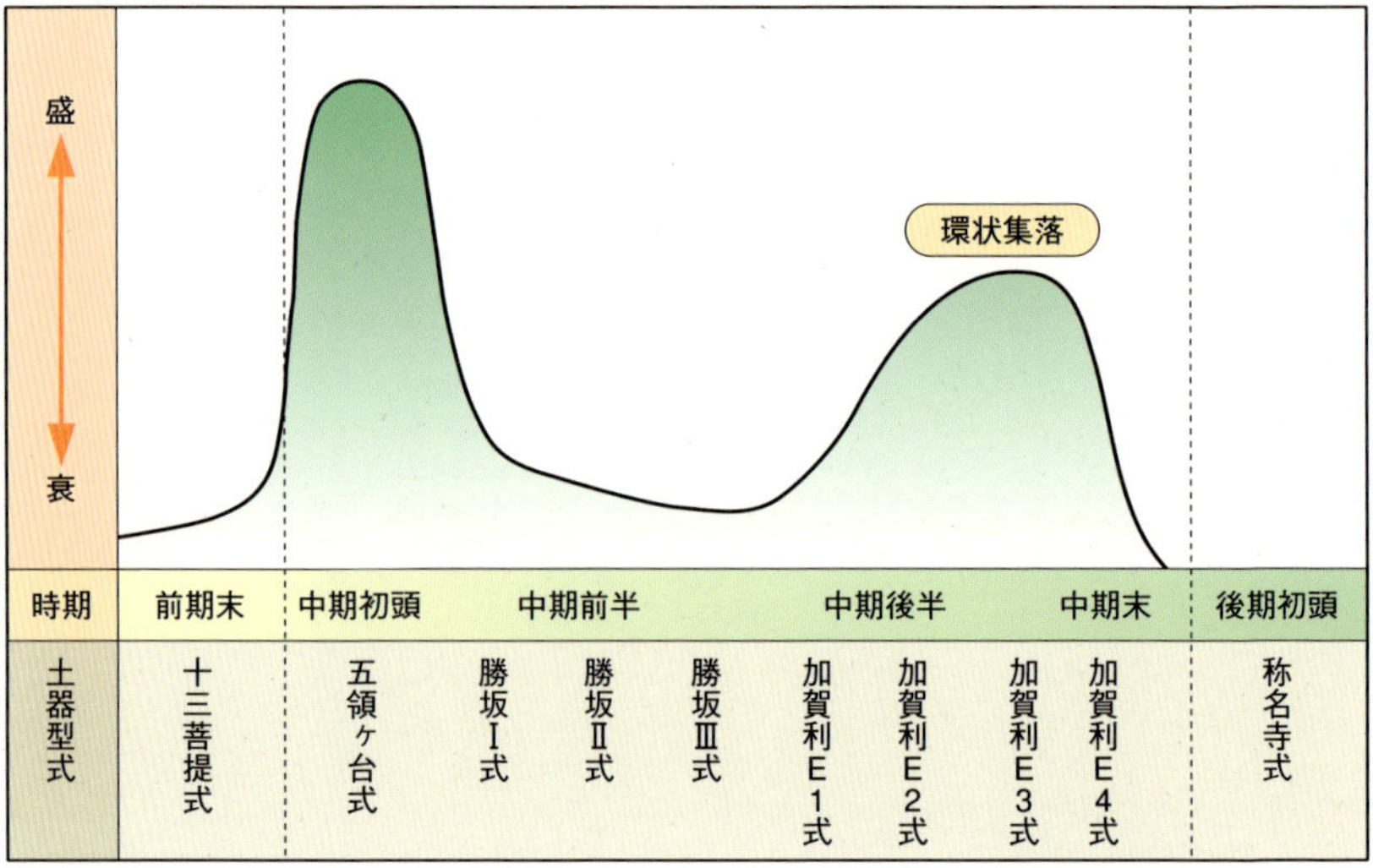

図18 ● 見高段間遺跡盛衰のイメージ

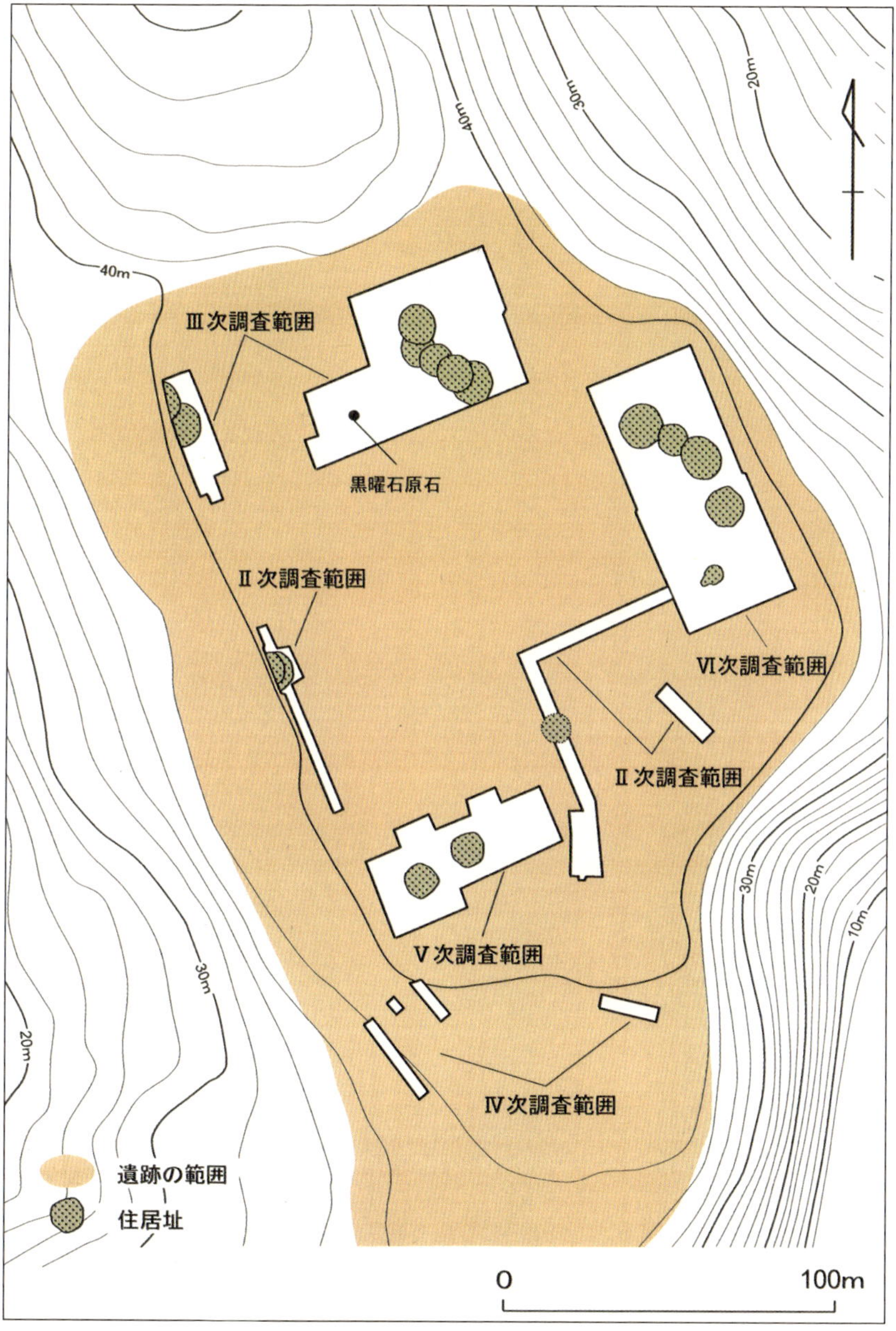

図19 ● 環状にならぶ見高段間遺跡の住居配置
台地の中央をとりかこむように中期後半の住居址が並んでいる。第Ⅱ次調査範囲の周囲には第Ⅰ次調査の住居址も分布するが、正確な位置がわからないので省略した。

つまり中期初頭の見高段間遺跡は神津島までの航海の一時的な停泊地ではなく、航海のタイミングをはかりながらも一定期間の居住活動がおこなわれていたとみることができる。しかしこれまでのところ竪穴住居址は発見されていない。遺物が東の斜面に集中しているところをみると、傾斜地を利用して上屋をかける程度の簡単な住居がつくられていたのではないだろうか。

これに対して、中期前葉段階になると居住活動の痕跡は急激に薄くなってしまう。前後の時期である中期初頭・中期後半と比較すると、土器の絶対量では中期前葉がもっとも少ない。これに歩調をあわせるように黒曜石の保有量も極端に減少している。中期前葉に属する第Ⅳ次調査第一号住居址から出土した黒曜石はわずか一五〇グラムであった。これは伊豆半島の同じ時期の一般の住居址から出土する黒曜石と比較しても、むしろ少ない量である。中期前葉、見高段間遺跡は「黒曜石の陸揚げ地」から一般の集落に戻ってしまったのだろうか。

中期後半になると竪穴住居が台地の縁辺付近に構築されはじめる。第Ⅲ次以降の調査に関わってきた河津町教育委員会の宮本達希は、これまでの調査で発見された住居址の配置を再検討して、見高段間遺跡が中央に広場を囲む環状のムラ（環状集落）であったと考えた。図19は宮本の編集した図にもとづいて筆者が再構成したものである。遺跡南東側の第Ⅱ次調査トレンチの周辺には、第Ⅰ次調査で発見された敷石住居址がいくつか分布するが、正確な位置が示せないため省略してある。一九二五年におこなわれた校地の造成によって、中央部付近の住居が気づかないまま破壊されてしまった可能性は否定できないが、それでもこの図は見高段間ムラの住居配置の大略を示しているものと考えられる。

第3章　舞い降りた黒曜石分析装置

1　蛍光X線の可能性に魅せられる

舞い降りた黒曜石分析装置

二〇〇三年七月一〇日午後四時、わが家の貯金のほとんどをはたいたといってもいい蛍光X線分析装置は、厳重に梱包されクレーンに吊り上げられて、自宅のベランダに舞い降りた。幅六七センチメートル、長さ七八センチメートル、高さ四七センチメートル、これだけではあまり大きな分析器械だという印象ではないが、重量八〇キログラムは狭く急な階段を人手で上げるには重すぎた。器械は寝室を通過し、さらに書斎（といってもじつにささやかなものだが）のドアを外して、リサイクルショップで見つけた掘り出し物の作業机にようやく設置された。

その日のうちに試料室を真空にするポンプをつなぎ、装置を制御する専用のパソコンとプリンターを接続した。上部にあるデュワーの蓋を開けると、気化した液体窒素の白い煙が立ちのぼる。これは検出器の温度を零下一七〇度に保つためのものだ。梱包材を片づけ、付属品やマニュアルなどのチェックがすむと、時刻は夜の一〇時をまわっていた。

黒曜石の研究を始めて一〇年、長い間あこがれていた分析装置がそこにある。これからは思う存分黒曜石の産地推定ができるのだ。確かにうれしかった。しかし夜が更けていくとともに、しだいに大きくなる不安を抑えることはできなかった。最新の分析機器を自分に動かすことができるのか。中年にさしかかってまったく蓄えのなくなった家計を顧みて、望んだこととはいえ自分の研究生活がもう後戻りできないところまで来てしまったことを自覚せざるを得なかった。

望月明彦先生との出会い

就職してから数年の間に縄文土器の論稿を

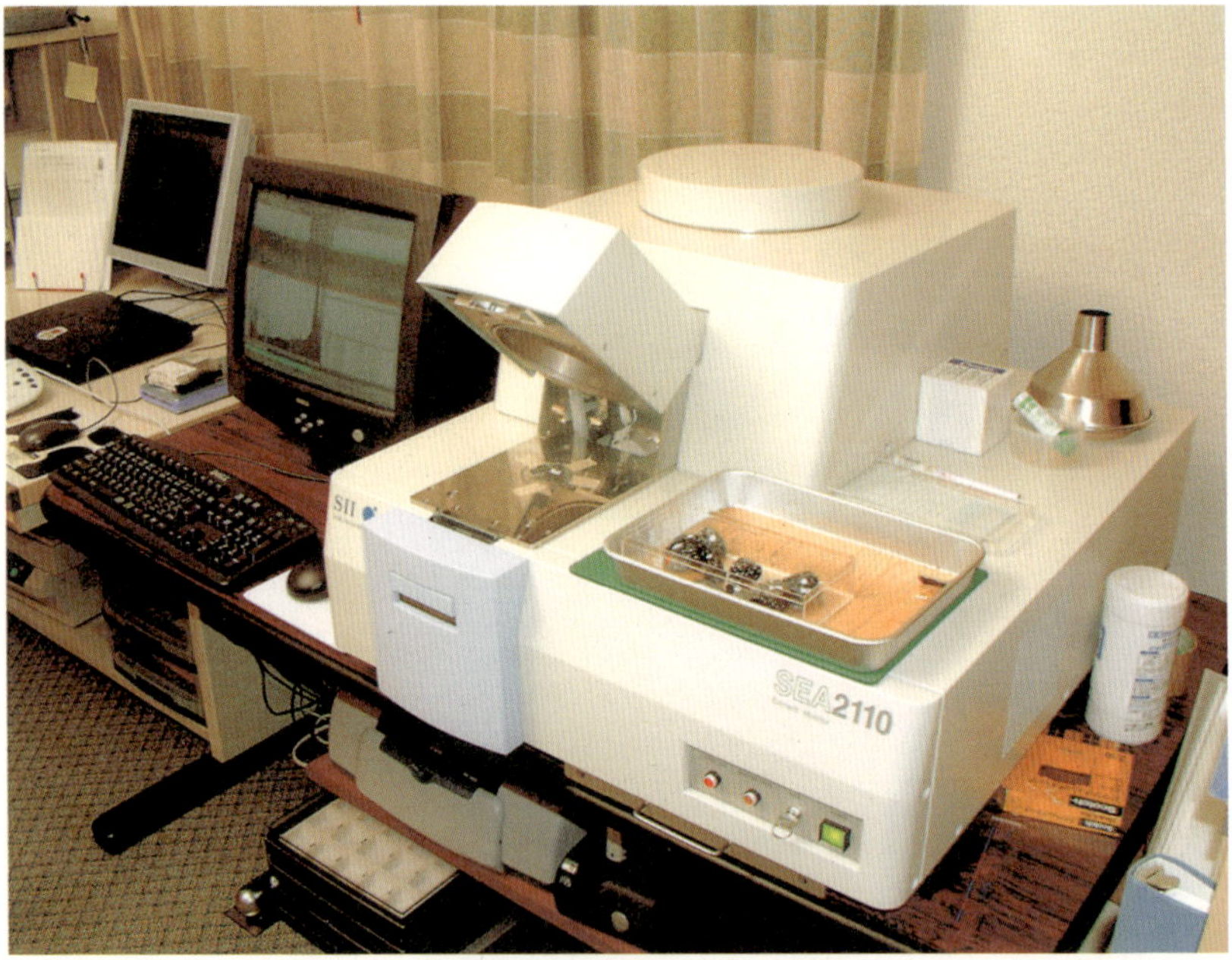

図20 ● 自宅に設置された蛍光X線分析装置
蓋の開いている部分に試料（黒曜石）をセットする。X線発生部と検出器は試料室の下にあり、測定されたデータは自動的に左のパソコンに転送される。

いくつかものにし、ようやく研究者としてのデビューを果たしたわたしだったが、それから間もなく、身体と心ともにまったくの不調となった。二年ほどの間はつねに身体から離れない吐き気に苦しみ、仕事に行って帰るのがやっと、という状態が続いた。とても研究に手がまわる状態ではない。わたしが望月明彦先生と出会ったのは、げっそりこけた頬が少しふくらみ、六八センチメートルまで減ったウエストが再び七〇センチメートルを超えたころだった。

望月先生は静岡県富士市の生まれ。わたしが生まれ育った伊豆の韮山町《にらやまちょう》とは車で一時間ちょっとの距離である。年齢で学問をするわけではないので、生年月日は省略しておこう。高校時代には郷土研究部に在籍し、顧問であった中野國雄先生の影響で、休日には遺跡にくり出して土器を拾い歩く考古少年となった。東京教育大学では物質工学を専攻したが、「考古学の道に進むかどうかとても迷った」と聞いている。結局、考古学への思いは捨てきれず、大学でも考古学研究会に入って伝統ある「教育大考古学」の学風にもふれている。

かつてはトルコから出土する黒曜石を専門としていたが、試料を国外に持ち出しにくくなったこともあって、研究対

図21 ● 望月明彦先生（写真右）
大分県姫島原産地で鈴木正男先生（中央）、筆者（左）と。

象を日本の黒曜石に移そうとしていた。ちょうどそのころ、先生の勤務する沼津工業高等専門学校で、蛍光X線分析装置を用いて考古遺物の産地を分析する公開講座が開かれることになった。土器研究から落伍しかけていたわたしは、身体の余力のなさもあって申し込み期限ぎりぎりになって参加を決めた。病気をしなかったらそのまま土器の研究を続けていただろうし、回復がもっと遅れていたら参加をあきらめていただろう。しかし、この講座で出会ったことが互いの研究生活をそれまでとまったく違ったものにしてしまった。

蛍光X線分析法

「蛍光」というと「蛍光灯」や「蛍光塗料」を連想して、ほんのりと光るものをイメージしがちである。しかし蛍光X線はレントゲンなどで使われるX線とおなじように、目でとらえることはできない。

ここで蛍光X線分析法の原理について少し説明しておこう（図22）。蛍光X線分析法は一次X線（励起《れいき》X線）が物資に照射されると、物質を構成する原子固有の波長（エネルギー）をもつ二次X線（蛍光X線）が発生する原理を応用した方法である。照射された励起X線は、原子のもっとも内側（内核）にある電子をはじき飛ばすが、「空席」になった軌道には、外核側の電子がエネルギーを放出しながら落ちてくる。軌道間のエネルギー差は原子ごとに固有であるため、放射される蛍光X線のエネルギーも固有の値をとる。このX線の波長を測定することによって、資料（黒曜石）に含まれている元素の種類を知ることができる（定性）。さらにある

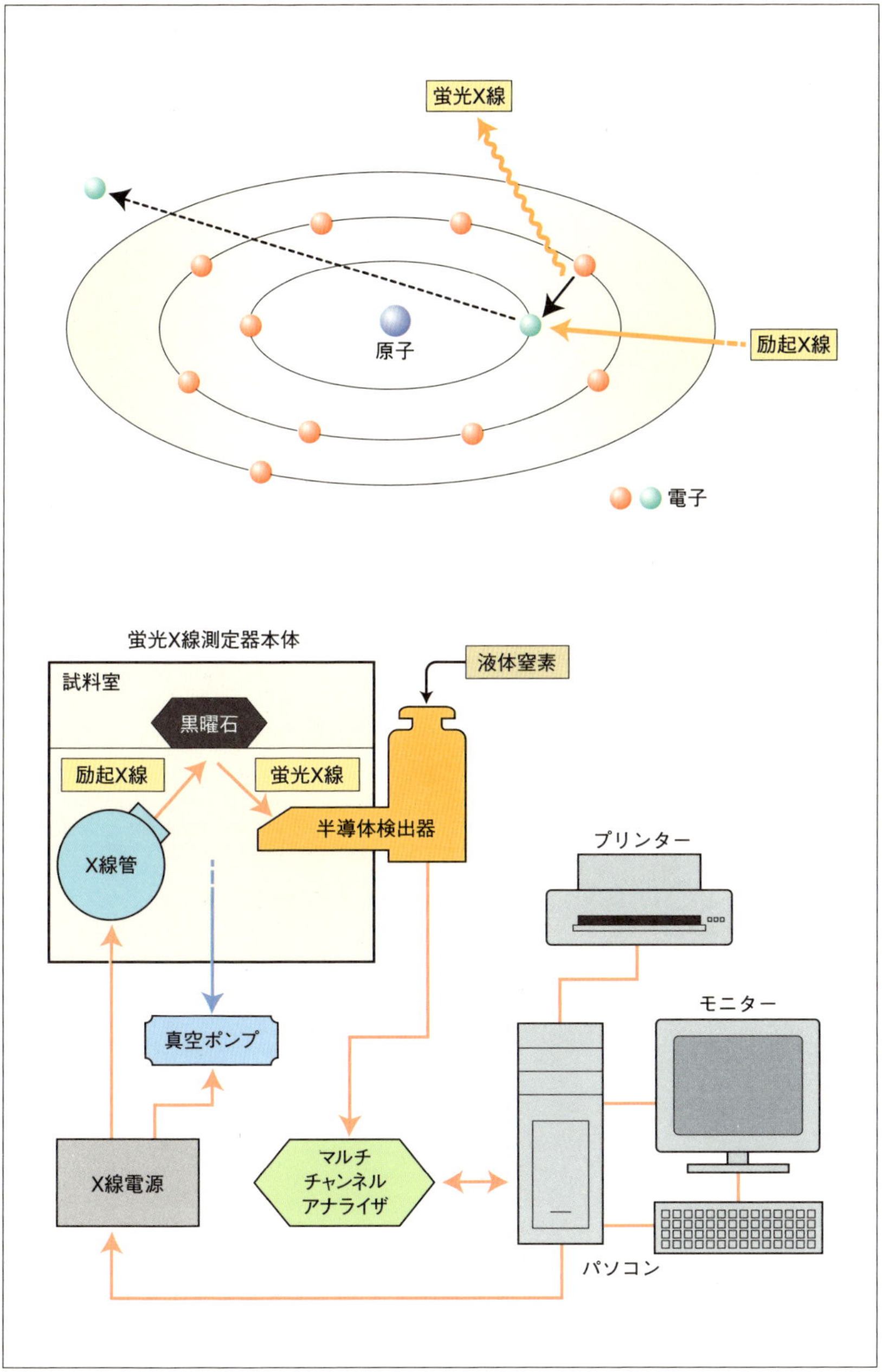

図 22 ● 蛍光X線の発生原理（上）と分析装置の構成（下）

元素が多く含まれていればいるほど、たくさんの蛍光X線が発生するので、その強度を測定すれば元素の量がわかる（定量）。

図23には、分析装置に連動しているプリンターが打ち出した神津島恩馳産黒曜石・箱根畑《はた》宿《じゅく》産黒曜石・諏訪星ヶ台《ほしがだい》産黒曜石の蛍光X線スペクトルを示した。それぞれの山のピークが含まれる元素の種類を示し、ピークの高さが元素の量を示している。

畑宿産黒曜石のスペクトルを見てみよう。カリウム（K）が少なく、諏訪星ヶ台産にくらべ鉄（Fe）が多いのが畑宿の特徴である。恩馳産黒曜石と星ヶ台産黒曜石はどこを見たら区別することができるだろうか？　あまり聞き慣れない元素であるが、ルビジウム（Rb）・ストロンチウム（Sr）・イットリウム（Y）・ジルコニウム（Zr）の四つの元素に注目してみよう。恩馳産黒曜石はルビジウム・ストロンチウム・ジルコニウムの三つの元素のピークが右上がりでほぼ一直線に並び、イットリウムだけが低くなっている。これに対して星ヶ台産黒曜石は両脇のルビジウムとジルコニウムがやや高いところで並び、その内側のストロンチウムとイットリウムが低いところで並んでいる。多くの原石を測ってそのスペクトルの特徴が頭に入ると、パソコンのモニターに映るスペクトルを見ただけで、かなりの原産地の区別がつくようになる。

蛍光X線分析法の長所は、資料（黒曜石）を破壊することなく測定ができること、測定の時間が数分程度と短いこと、他の分析法にくらべればコストが比較的低いことがあげられる。考古学者の求めるものは、なるべく多くの石器を壊すことなくしかも安く早く分析してほしいというところで共通している。蛍光X線分析法はこうした考古学側からの希望にかなうすぐれた分析法であり、国内では何種類かある産地推定法の主流となっている。

ただし欠点がないわけではない。中性子放射化分析法やＩＣＰ－ＭＳ分析法など、資料の一部を破壊したり大がかりな装置を用いる方法にくらべて微量元素の測定精度が落ちることである。そのため和田峠原産地のように、マグマの化学組成の近い火山がくり返し噴火し、複数の

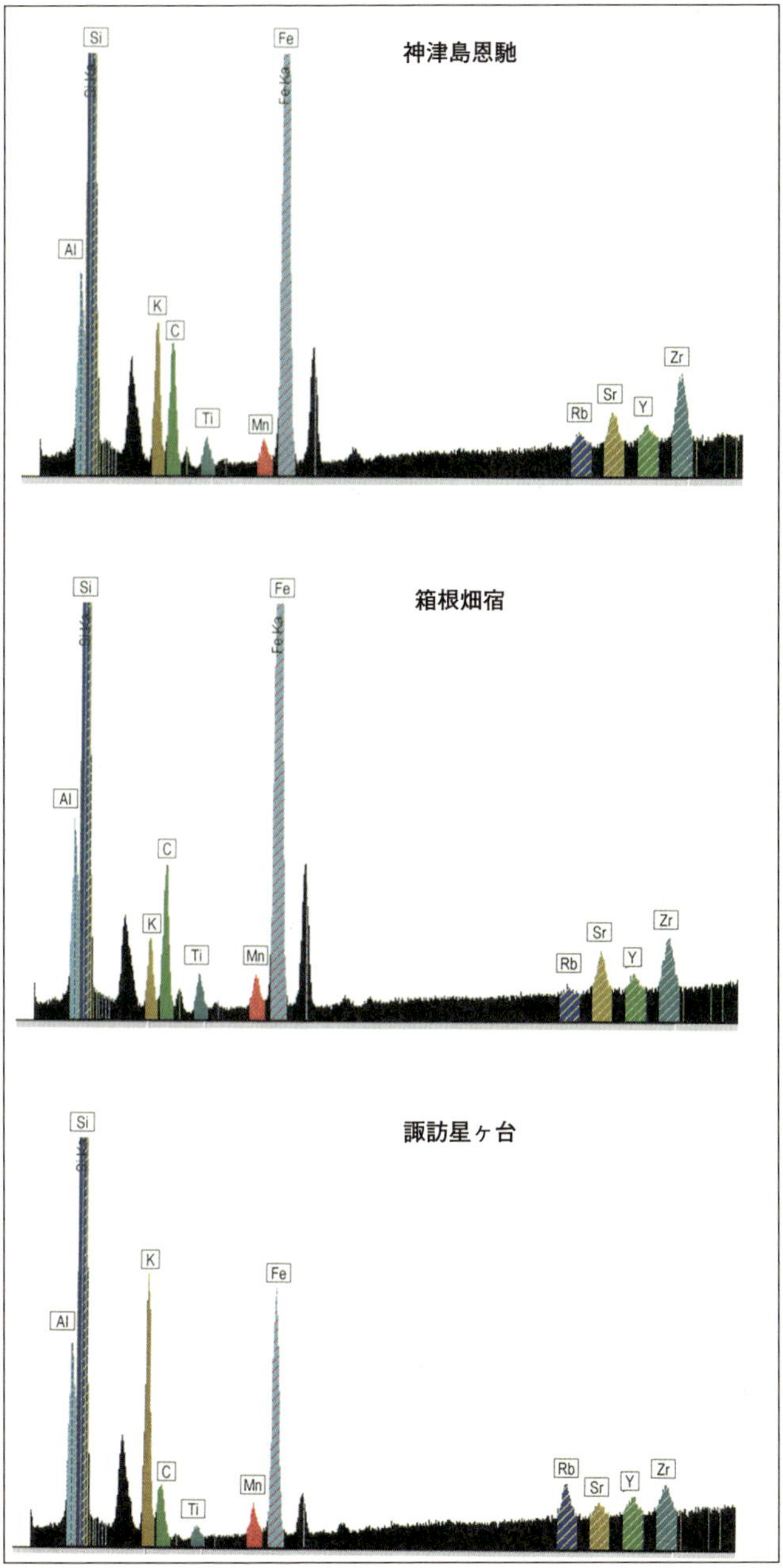

図 23 ● 各原産地の蛍光Ｘ線スペクトル

黒曜石露頭が存在するような場合、それらを厳密に判別することが難しくなる場合がある。

2 息の合った共同研究

判別図法の発案

実際に黒曜石製石器の産地を決めるには、まず基準資料として原産地黒曜石を集め、その化学組成を測定しておかなければならない。沼津工業高等専門学校での講座が終わると、わたしたち二人は箱根を手始めに天城、信州の諏訪・和田峠・蓼科《たてしな》などの原産地をまわり、中部・関東の黒曜石原石を集めていった。しかし神津島黒曜石だけは知り合いの黒曜石マニアからもらった数点があるだけで、安定した化学組成を得るために最低必要な三〇点にはまだかなりの原石が不足していた。望月先生と初めて神津に行ったのは一九九三年一一月、そして三年後の二度目の神津島行きでようやく恩馳島に渡ることができたのである。

中部・関東地方のほとんどすべての原産地黒曜石を集め終わり、その化学組成の測定を続けていた望月先生に、わたしは二つの要望を伝えた。

その一つは産地推定の手続きを考古研究者にもわかりやすいものにしてほしい、ということだった。それまでの産地推定では、原産地黒曜石と遺跡出土黒曜石の対比照合を、判別分析やクラスター分析などの統計学的な手法によっておこなっていた。もちろんこれは正当な手続きではあるが、その過程が考古学研究者によってはブラックボックスのように映っていたのも事実で、黒曜石の産地分析が普及しきれない一因ともなっていた。

「できれば、一枚のグラフにあらわしてほしい」こんなわたしの要望は、ふつうの化学者にはほとんど無理難題として無視されるだろうが、長い間考古学にも接していた望月先生は違っていた。一週間ほど後に「なんとかなりそうだ」という電話があり、さらにしばらくして、わたしの発掘現場に二枚の「判別図」を持って先生はあらわれた。結局のところ一枚の図では箱根各産地の細分や、天城柏峠と栃木県の高原山の区分が完全ではないので、二枚の図を用意することになったが、それぞれの原産地の測定値はグラフ上で明瞭なまとまりとして示されていた。

自分で求めた図ではあるが、ここまで簡潔に産地を判別するものができるとは思っていなかった。この方法の将来性を確信したわたしは、すぐさま当時調査したばかりの土手上《どてうえ》遺跡出土黒曜石の分析を提案している。公開講座の講師と受講者の関係は共同研究者の関係へと変わりつつあった。そしてこの時を境として、わたしの研究生活は土器研究から黒曜石研究へ、おおきく舵を切った。

後から聞いた話では、わたしの求めがあってから、各原産地のスペクトル図をくり返し眺めてみたという。スペクトルのどのピークが産地の違いをもっともよくあらわしているか、そうした視点がこの二枚の判別図に結びついたそうだ。図24は何回かの修正を経ていま望月先生が使っている二枚の判別図である。

左の図から見ていこう。縦軸の Mn × 100/Fe は鉄とマンガンの強度比を示している。マンガンを一〇〇倍にしているのはグラフ上の数値を整数にするためで、この操作をしなくても結

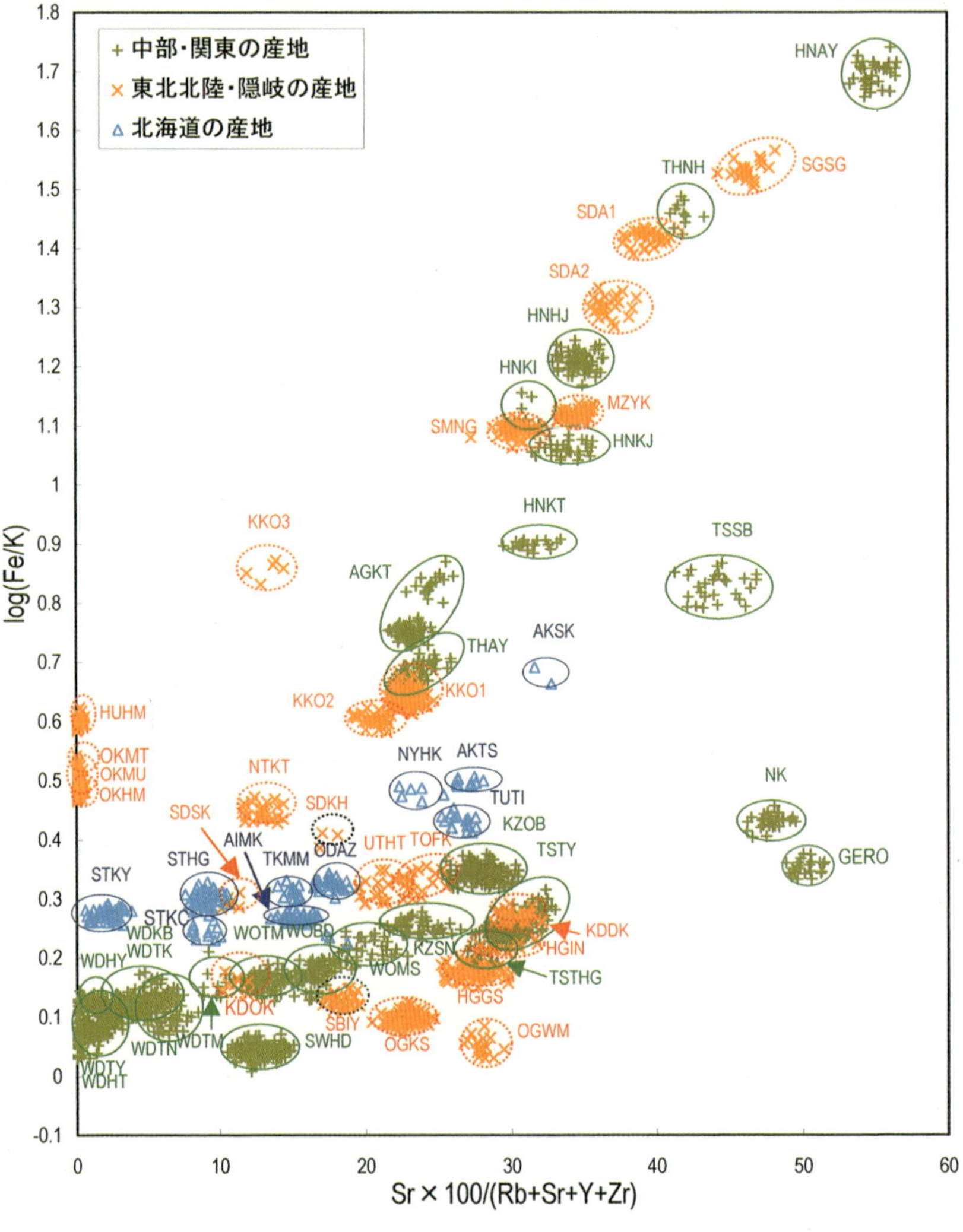
中部・関東の産地
東北北陸・隠岐の産地
北海道の産地
log(Fe/K)
Sr × 100/(Rb+Sr+Y+Zr)
HNAY
SGSG
THNH
SDA1
SDA2
HNHJ
HNKI
MZYK
SMNG
HNKJ
HNKT
TSSB
KKO3
AGKT
THAY
AKSK
KKO2
KKO1
HUHM
OKMT
OKMU
OKHM
NTKT
NYHK
AKTS
TUTI
KZOB
NK
SDKH
SDSK
AIMK
ODAZ
UTHT
TOFK
TSTY
GERO
STHG
TKMM
STKY
STKC
WDKB
WDTK
WOTM
WOBD
KDDK
HGIN
KZSN
WDHY
WOMS
TSTHG
HGGS
KDOK
SBIY
OGKS
OGWM
WDTM
WDTN
SWHD
WDTY
WDHT

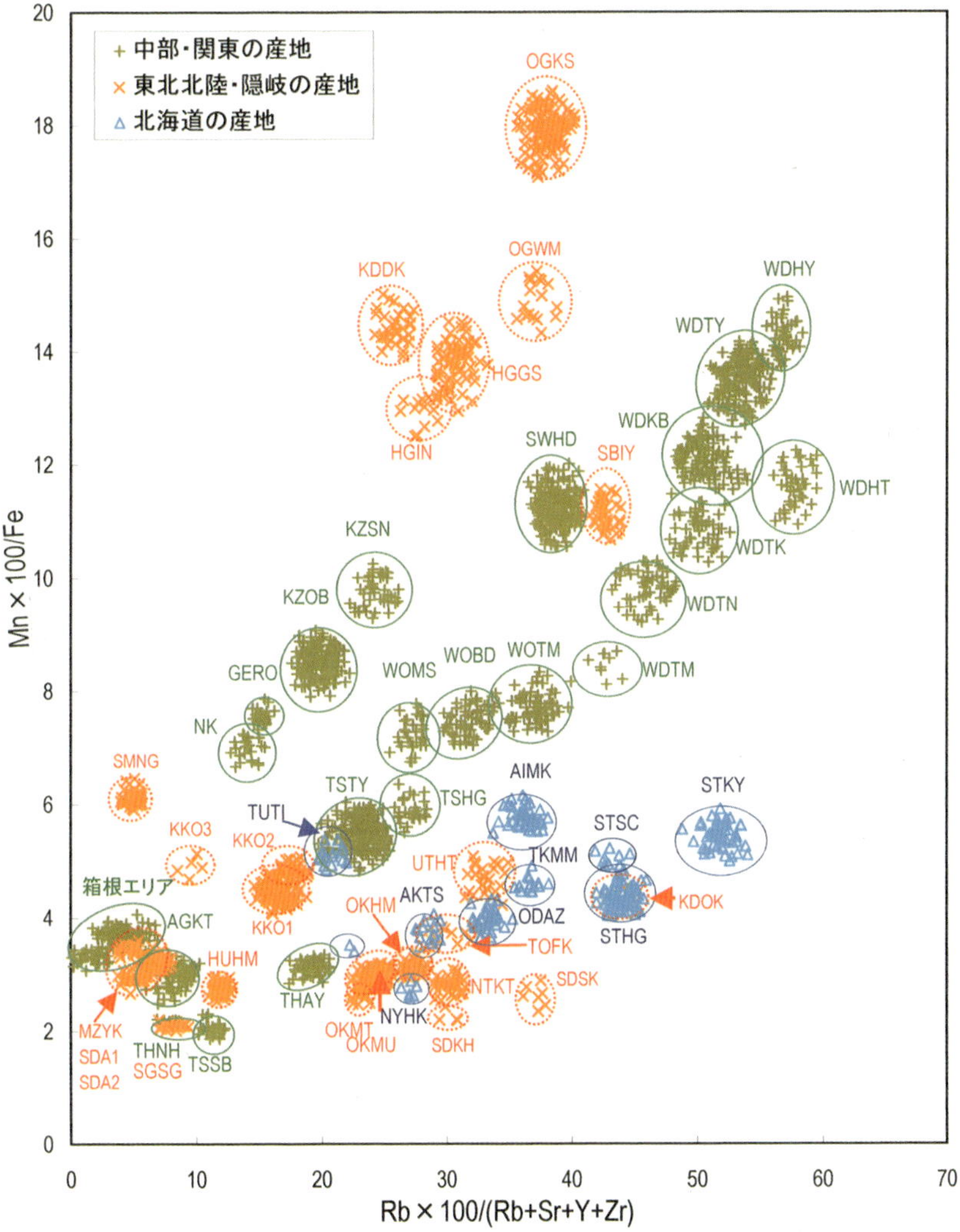

図 24 ● 北海道〜中部の黒曜石原産地判別図（望月明彦）
計測された元素から原産地の特徴をよく示すものを選び、２つの判別図を作成した。
石器１点ごとの測定値をこの上に重ねて産地を決定していく。

果は同じになる。横軸の Rb × 100/（Rb+Sr+Y+Zr）は、ルビジウム・ストロンチウム・イットリウム・ジルコニウムの強度を足したものとルビジウムの比である。前項の原産地のスペクトル図で少し説明したように、この四つの元素は各原産地の特徴を非常によく示す。

右の図の log（Fe/K）は鉄とカリウムの比を使っている。対数値（log）としているのは、そのままではグラフの上方に置かれる箱根芦ノ湯や箱根畑宿などの産地の間隔が間延びするため、図をよりコンパクトにするための操作である。横軸の Sr × 100/（Rb+Sr+Y+Zr）は、ルビジウム・ストロンチウム・イットリウム・ジルコニウムの強度を足したものとストロンチウムの比である。左の判別図と同じように原産地の特徴をよくあらわす四つの元素を使う。

この二つの図に遺跡出土黒曜石の測定値を重ねて一点一点の産地を決めていく。またこの作業と、これまでの統計的分析法で相互に結果をチェックして最終的な産地としている。

全点分析

もう一つ望月先生にお願いしたのは、なるべく石器の全点を分析しましょう、ということである。それまでの黒曜石の産地分析というと、遺跡から数点あるいは多くても数十点が抽出されて分析されるのがせいぜいで、集団の移動や交易を論ずるデータとしてははなはだ不十分なものであった。そこで、望月先生との初めての仕事として、沼津市土手上遺跡で発見された旧石器時代（約二万九〇〇〇年前）の環状ブロック群（環状のムラ）の石器全点（六六七点）を分析することになった。その結果、後期旧石器時代のかなり古い段階から、神津島産黒曜石が海を越えてもたらされていること、環状のムラの東側と西側で残された黒曜石製石器の原産地が異なり、複数の集団がこのムラの形成にかかわったらしいことを明らかにすることができた。いずれも石器数点を抽出した分析では見逃したはずの成果である。

二枚の判別図と全点分析はあたかも車の両輪のような役割を果たし、望月先生に黒曜石産地分析を依頼する考古学研究者は急速に増えていった。

ささやかなわたしの「かもしかみち」

かもしかみち

私の考古学手帳から

深山の奥には
今も野獣たちの歩む人知れぬ路がある。ただひたすらに高きへ高きへとそれは人びとの知らぬけわしい路である。私の考古学の仕事はちょうどそうしたかもしかみちにも似ている。

昭和二十一年十月二十三日

藤森栄一

信州諏訪で考古学に一途な情熱を傾けた孤高の研究者藤森栄一《ふじもりえいいち》の著書『かもしかみち』の序として書かれた文章である。『かもしかみち』は考古学、とくに縄文研究に身をおく人間は、必ず一度は読む本だといってもいい。そして戦後しばらくの間は「飯の種にもならない」と蔑まれることもあった考古学の厳しい道のりを、多くの研究者が『かもしかみち』に導かれて歩むことになった。

わたしもこの本を三回読んでいる。一度めは多くの仲間たちと同じように考古学を始めて間もないころ、そして二度めは心身の病気で苦しんでいたころのことである。

その晩もやはりなかなか寝付くことができず、時計は一時、二時と過ぎていった。じっとしていることに耐えられなくなり布団を這い出して手にしたのが、埃をかぶった『かもしかみち』だった。重いマラリアで痛めつけられた身体もいとわず、時には妻や子どもも顧みずに学問にのめり込んでいく藤森栄一の生きざまに惹かれるように、つぎつぎと頁をめくっていった。その学問への激しい情熱の前に、ささいな体調の変化に神経質になり、それがまた回復を遅らせるというわたしの弱り切った心はただ圧倒されるばかりだった。

三度めは一昨年（二〇〇三年）のことである。望月先生との共同研究を始めて一〇年が経ち、黒曜石に関する業績も少しずつ積み上げてきた。しかしそのころには望月研究室への分析依頼は年間一万点を超えるようになり、先生は多忙をきわめるようになっていた。その状況を近くで見ていると、どうしても新たな分析を持ち込みにくい。一方で、母校明治大学の黒曜石プロジェクトが動きだし自分の分析したい対象は広がるばかりで、なんとも悶々とした日々が続いていた。「自分の分析装置がほしい」、その願いはしだいにわたしの心の中で強くなり、抑えることが難しくなりつつあった。しかし新品なら一〇〇〇万円近くする高価な器械である。とても個人が手を出せるものではない。

　学生時代からの恩師である戸沢充則《とざわみつのり》先生の『考古学のこころ』が、サイン入りで届けられたのはそんな時のことだった。本書の監修者でもある戸沢先生のことは、ここであえて紹介するまでもないが、『考古学のこころ』には「永遠のかもしかみち」という章が加えられ、戸沢先生が師である藤森栄一の生き方に魅せられ、みずからも「かもしかみち」をたどりはじめるまでの足どりが描かれている。

　戸沢充生の学問の特徴は、問題の核心にさらりと踏み込んでいく感覚の鋭さにあり、熱情や激しさとはややかけ離れた印象があった。しかし考古少年時代を経て藤森先生に師事し、考古学を志すようになる過程で、向こう見ずともいえる情熱を考古学に注いだ時代があったことを『考古学のこころ』で初めて知ったのである。そしてわたしは三たび『かもしかみち』を、今度もまた一気に読み返した。読めば器械を買う決心をしてしまうことを予感しながら。いやむしろ心を決めたくて『かもしかみち』を読んだ、というのが正直なところだったと思

図25 ● 『かもしかみち』（1967年、学生社復刻版）と『考古学のこころ』（2003年、新泉社）

う。その興奮が冷めないうちに、わたしは行動を起こした。金額にたじろいでいては、「かもしかみち」の入り口にもたどりつけないのだ、と自分に言い聞かせながら。

蛍光X線装置購入

まずはいくつかの蛍光X線分析装置のメーカーやそのディーラーに電話をかけた。ねらいは程度のいい中古品である。二週間ほどして、あるディーラーからセイコーインスツルメンツ社の研究所にSEA2110のデモ機があるとの知らせが入った。製造から一年にも満たない器械でデモに使っただけということなので、X線管球や半導体検出器の劣化もあまり気にならない。しかも望月先生の使っている器械と細部を除けばほとんど同じものというのも魅力がある。値段は新品の半分程度だ。それでも予算オーバーだったが、搬入やセッティングを自前でやるという条件を付けてさらに五〇万円値切ることに成功した。同社の蛍光X線分析装置で初めての個人ユーザーになるという。今考えてみれば、たまたま役割を終えたデモ機があるというまったく幸運なタイミングは、『考古学のこころ』が演出してくれたことになる。

無事に自室の作業机の上に置かれた分析装置のセッティングには、望月先生が休日に自宅まで足を運んでくれた。測定する元素の種類・測定時間などのルーチンワークの条件設定、測定結果を入力する表計算ソフトや判別図のファイル設定などを経て、まったく望月研究室と同じ条件で測定する体制が整えられた。

第4章　「海の黒曜石」のゆくえ

1　「黒曜石のふるさと」信州

長野県星糞峠原産地と鷹山遺跡群

長野県のほぼ中央部、諏訪湖北側に連なる山地には、和田（和田峠）・和田（男女倉《おめぐら》）・諏訪（霧ケ峰《きりがみね》・星ケ塔《ほしがとう》）・蓼科（麦草峠《むぎくさとうげ》）などの黒曜石原産地が密集している。ここからは旧石器時代から縄文時代を通じ、中部・関東・東海地方などに向けて大量の黒曜石が供給された。とくに縄文時代には信州と神津島の二大原産地が対峙して盛衰をくり返している。しかし全体の供給量では東海西部や上越をその範囲に取り込んだ信州産が上まわる。現地の研究者は誇りをこめて、この地域を「黒曜石のふるさと」と呼んでいる。

そのなかの一つ、星糞峠《ほしくそとうげ》原産地は、和田（和田峠）原産地の一つに加えられているが、長《なが》門町《とまち》から和田村に抜ける峠道近くにあり、麓の丘陵地一帯には黒曜石をめあてに営まれたムラが群在している。一九九一年、その分布調査の一環として星糞峠にわけ入った明治大学と長門町の鷹山遺跡群調査団は、無数の黒曜石片とともに径十数メートルほどのクレーター状の窪みが群在する不可解な地形を目にすることになる。自然の営為による偶然の窪みか、あるいは人の手が加わったものか。一九九一年と一九九四年におこなわれた発掘調査の結果、この窪みは地中にある黒曜石を求めて縄文人が採掘をおこなった痕跡、すなわち採掘坑であることが明らかになった。その後の測量調査によって、星糞峠東側の斜面には合計二〇〇近くの採掘坑が発見された。この峠はただの黒曜石原産地にとどまらず、「縄文鉱山」ともいうべき大がかりな採掘活動がおこなわれた場所だったのである。

図26 ● 長野の星糞峠の黒曜石原産地遠景
矢印下の赤枠がその範囲。

明治大学黒曜石プロジェクト

明治大学と長門町による一〇年以上にわたる鷹山遺跡群の調査は、星糞峠における黒曜石採取活動の実態をしだいに明らかにしていった。こうした成果を受けて、二〇〇一年には黒曜石の採掘から流通に至るまでの過程を総合的に調査研究するプロジェクト（文部科学省学術フロンティア推進事業「石器時代における黒曜石採掘鉱山の研究」）が始まった。

プロジェクトは星糞峠の採掘活動じたいを中心テーマにおく「考古研究グループ」、黒曜石の産状を明らかにする目的の「地形・地質グループ」、信州原産地周辺の黒曜石流通を追究する「中部高地研究グループ」、関東地方などの消費地へ向けた黒曜石流通をテーマとする「環中部高地研究グループ」のサブグループから構成され、四十数名の研究者がメンバーとなった。「環中部高地研究グループ」の一員となったわたしには、このプロジェクトを機会にどうしても検討してみたい課題があった。それは中部高地の原産地における採掘活動が、もう一方の主要な原産地である神津島黒曜石の流通と表裏の関係にあるのではないか、という疑問である。

採掘活動を含む星糞峠一帯での黒曜石の採取は、縄文時代の草創期に始まり、早期を経て前期まで継続するが、中期から後期の初めにかけて低調となり、後期中ごろ近くになって再開発されるという経緯をたどる。この採取活動の低調な時期に神津島黒曜石の流通量が増え、減少した信州系黒曜石の流通量を補ったのではないだろうか。

信州産黒曜石を「山の黒曜石」とすれば、もう一つの「黒曜石のふるさと」である神津島からの「海の黒曜石」とが互いに補完しあいながら盛衰をくり返す歴史があったのではないだろうか。そしてこの二つの黒曜石の「海」と「山」という環境の違いを考慮すれば、その盛衰はたんなる物資の流通を超えた、生業や社会集団の変化にかかわる問題を提起しうるはずである。

この疑問を解き明かすためには、関東地方においてこれまでおこなわれてきた産地分析結果の集成はもちろんのこと、「神津島黒曜石の陸揚

図27 ● 星糞峠山腹に残る採掘址の窪み
中央の人が立っている場所がくぼんでいる。

げ地」といわれる見高段間遺跡の盛衰と、各時期の黒曜石原産地を明らかにする作業が必要であった。

2 「海の黒曜石」のゆくえ

見高段間遺跡の黒曜石原産地を推定する

河津町教育委員会の協力を得て、これまでの調査で出土した縄文時代中期の黒曜石製石器を、なるべく時期の混在のないよう留意して選び出した。各資料の全点を分析することを心がけたが、あまりに点数が多いものについては一〇〇点を抽出した。

一、中期初頭（五領ヶ台式）第Ⅲ次調査5a層出土の石器（製品）全点　一一一点
二、中期中葉（勝坂《かつさか》Ⅱ Ⅲ式）第Ⅳ次調査一号住居址出土の剥片および石器全点　二七点
三、中期後半（加曽利《かそり》E3式）第Ⅵ次調査二号住居址黒曜石埋納土坑出土石器抽出　一〇〇点
四、中期後半（加曽利E3式）第Ⅵ次調査二号住居址出土石器（製品）全点　一二七点
五、中期後半（加曽利E3式）第Ⅵ次調査三号住居址出土石器（製品）全点　六四点
六、中期後半〜末（加曽利E3・4式）第Ⅰ次調査出土石器抽出　一〇〇点

図28は「六、中期後半〜末」の黒曜石一〇〇点の判別図による分析結果である。前章でふれた原産地の測定結果（ここでは一点ごとに×印で示されている）上に、見高段間遺跡出土黒曜石の測定結果（△印）を重ね合わせて示している。

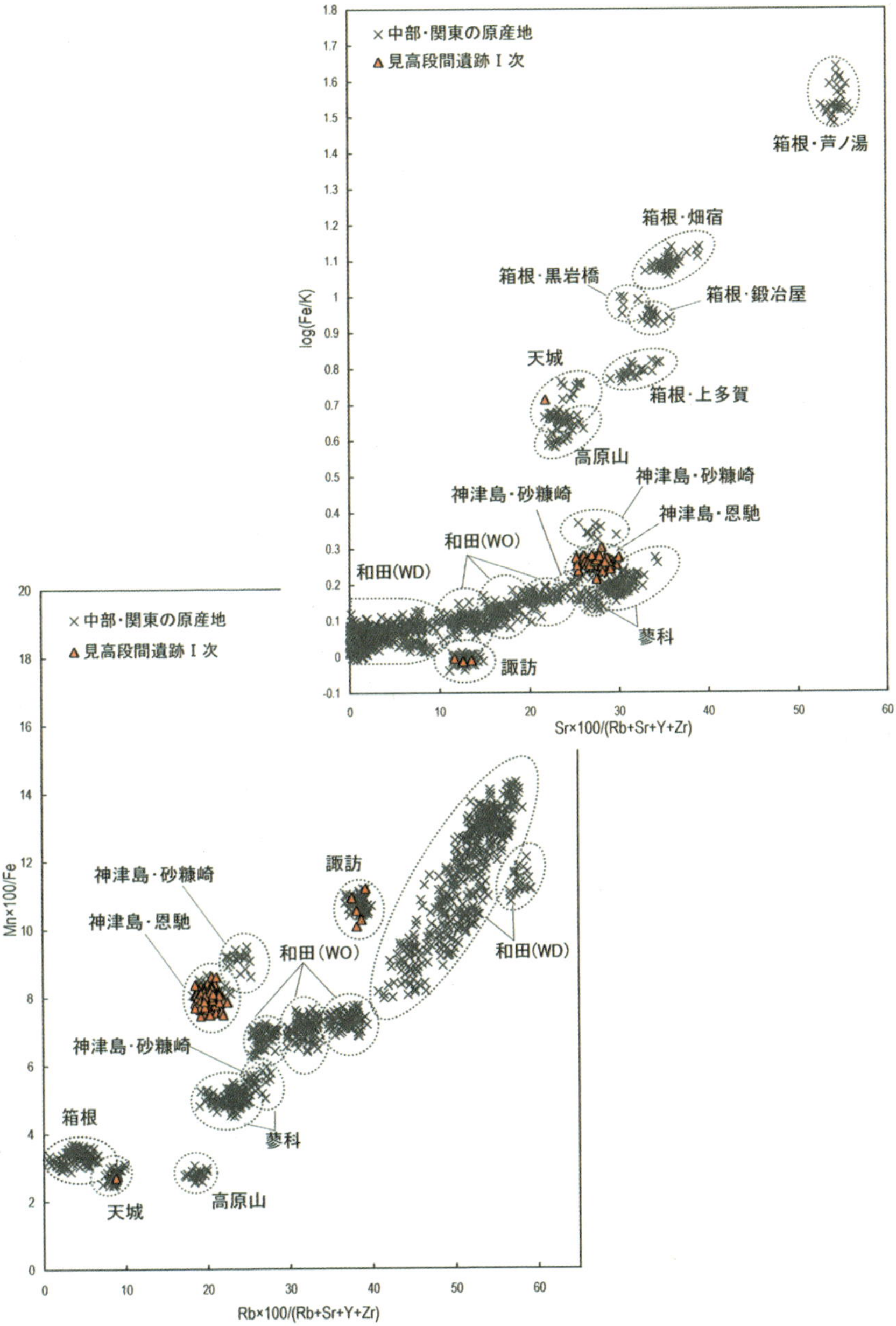

図 28 ● 見高段間遺跡第Ⅰ次調査出土黒曜石の判別図
原産地名は簡略化して示した。和田(WD)は和田(和田峠)、和田(WO)は和田(男女倉)。

この判別図による推定結果を、判別分析などの統計的方法による結果でチェックして最終的な推定をおこなった。その結果は神津島・恩馳島九五点、諏訪四点、天城一点となった。

紙数の都合から他の一～五の資料については判別図を省略し、結果のみを一〇〇分率で図29に示したが、すべての分析資料で神津島・恩馳島産黒曜石が九〇パーセント以上を占めた。つまり第Ⅲ次調査で出土した二五六キログラムの黒曜石も含め、見高段間遺跡から出土した膨大な黒曜石のほとんどすべてが、神津島から持ち込まれているのである。

それでは、神津島から見高段間遺跡にいったん運び込まれた黒曜石は、中部・関東地方のどの範囲にどれだけ運び出されているのだろうか。これまでに蓄積されてきた分析結果に、わたしがこの課題のためにおこなった原産地推定を加えて中部・関東地方の状況をみていくことにしよう。

縄文時代前期中葉～後半

見高段間遺跡成立前夜　このころから中部・関東地方では矢尻《やじり》（石鏃）の数が飛躍的に増加し、それにともなって黒曜石の流通量も多

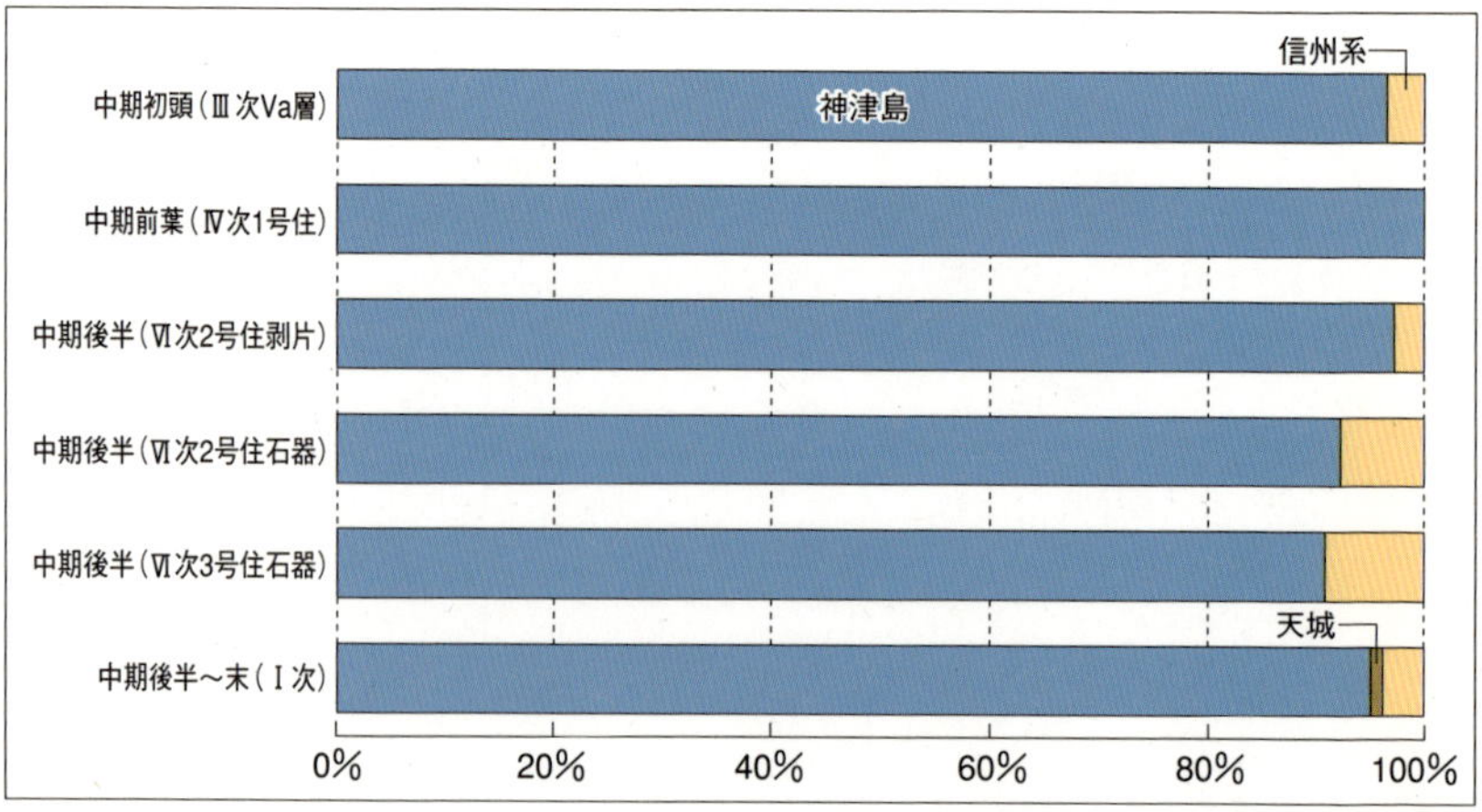

図29 ● 見高段間遺跡各時期・遺構の黒曜石原産地組成

くなる。河床や山腹に点在する黒曜石ではまかないきれなくなったらしく、諏訪（霧ヶ峰）原産地の一つ星ヶ塔では、地中の黒曜石を求めた採掘が盛んにおこなわれるようになる。近年の研究によって、信州の原産地から消費地である関東地方に向けた大河川の川筋に、黒曜石流通の中継地集落が形成され、原石や石器はいったんここに集積された後、再び周辺の集落に配分されるという組織化された流通網が存在したことが明らかにされつつある。

一方で神津島黒曜石の採取活動は前期後半を過ぎるころからさかんになる。神津島の上ノ山遺跡ではわずか四四平方メートルの調査範囲から五キログラム近くにもなる黒曜石が出土していて、ここから大量の黒曜石が運び出され海路をたどって関東地方の集落に供給されている。伊豆の東海岸から南海岸にかけての地域でも、中〜小規模の集落がしだいに増えていく。この時期、見高段間遺跡は「神津島黒曜石の陸揚げ地」ではなく、神津島黒曜石の供給を受ける一般の集落であったとみられる。

この時期は黒曜石の産地分析例がやや少なく類推に頼る部分も多いが、信州系や神津島、あるいは箱根・天城という各地の原産地が拮抗する状況にある（図30）。箱根・天城の黒曜石は旧石器時代以降、関東地方ではしばらく姿を消していたものがここで復活した。おそらく大量の黒曜石の需要に、こうしたやや規模の小さな産地も再開発されたものとみられる。

諸磯《もろいそ》貝塚の組成に示されるように、神津島黒曜石が黒曜石組成の大部分を占めるのは、海岸沿いに限られるものと予測されるが、関東地方全体の需要に対して神津島黒曜石の供給はなお不足ぎみであったとみることもできるだろう。

縄文時代前期末〜中期初頭

「神津島黒曜石の陸揚げ地」見高段間遺跡の成立

見高段間遺跡にもっとも多くの黒曜石が陸揚げされた時期である。図31を見てみよう。

各地の原産地が拮抗する状況から一変して、多くの集落で神津島黒曜石が大半を占めるようになる。伊豆半島では産地推定がおこなわれた例が少ないが、いったん見高段間遺跡に陸揚げされた黒曜石は、さらに伊豆や南関東に運び出されたと考えられる。

この図の範囲外になるが、静岡県の西のはずれにある浜北市梔池《くちなしがいけ》では、一〇点中八点が神津島という分析例がある。また滋賀県の米原町佃《まいばらちょうつくだ》遺跡（中期初頭〜前葉）で分析された七点の黒曜石のなかに一点の神津島黒曜石が含まれていた。北に目を向けると、茨城県北部の笠間市西田《にしだ》遺跡の分析結果には中期初頭から後半段階までが含まれているが、出

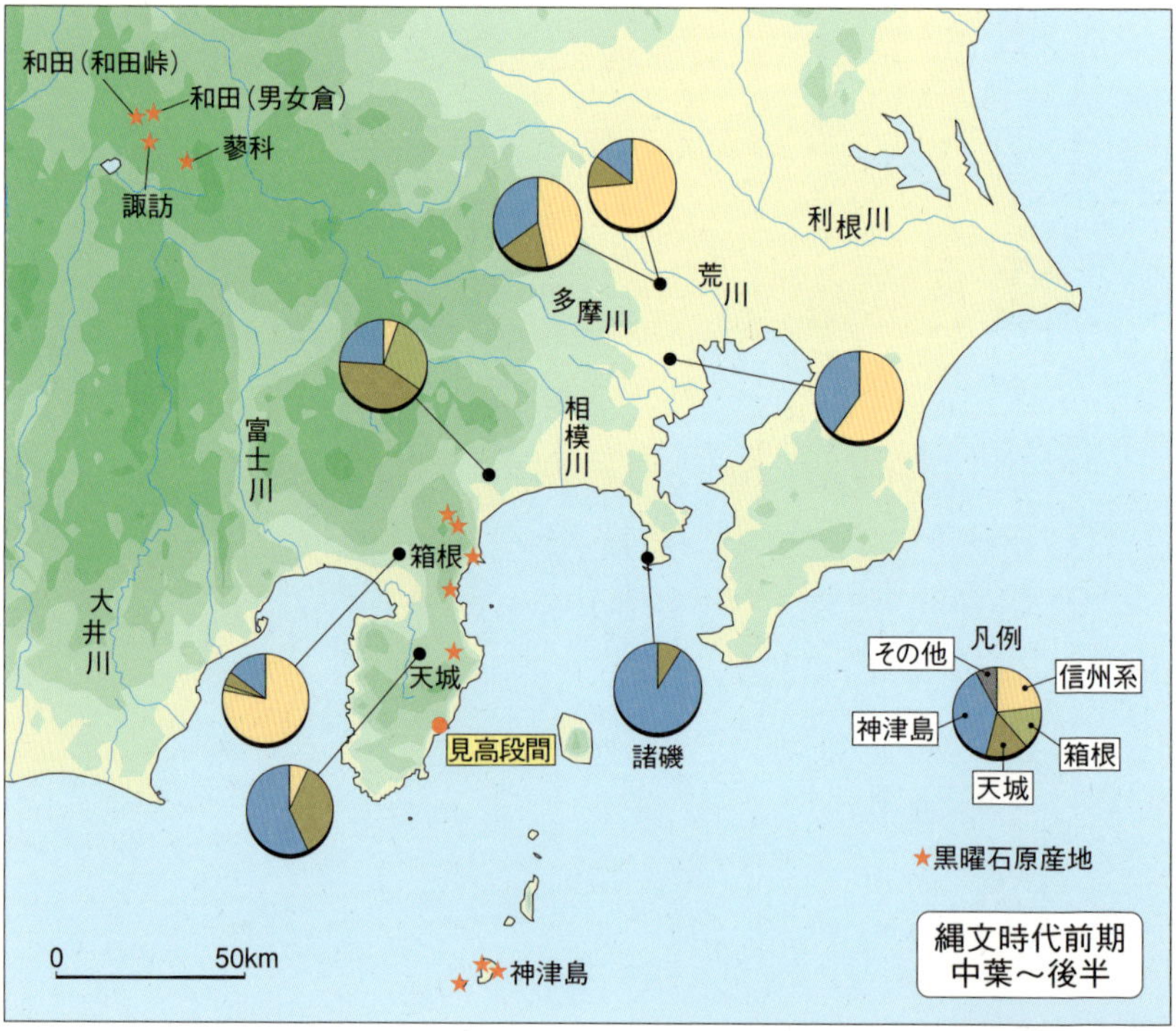

図30 ● 前期中葉〜後半の黒曜石原産地組成

土状況等の検討をとおして中期初頭～前葉にかけては神津島主体であったと想定されている。したがってその主体的な分布圏は北茨城から静岡県西部におよび、長い神津島黒曜石利用の歴史のなかで最大となっている。

見高段間ブランド　これらの黒曜石すべてが見高段間遺跡を必ず通過したかどうか、つまりすべてが「見高段間ブランド」であったかどうか疑問も残る。

神奈川県の平塚市原口遺跡は平塚平野と大磯丘陵との境界付近に立地する中期初頭の大規模な集落である。全体で約九〇キログラムという関東地方としては非常に多くの黒曜石が出土し、なかには最大で一〇四八グラムの原石も含まれている。集落は縄文時代にはすぐ近くまで海が入り込んでいたものと考えられる。見高段間遺跡の黒曜石量には遠く及ばないものの、こうしたムラの人びとが神津島

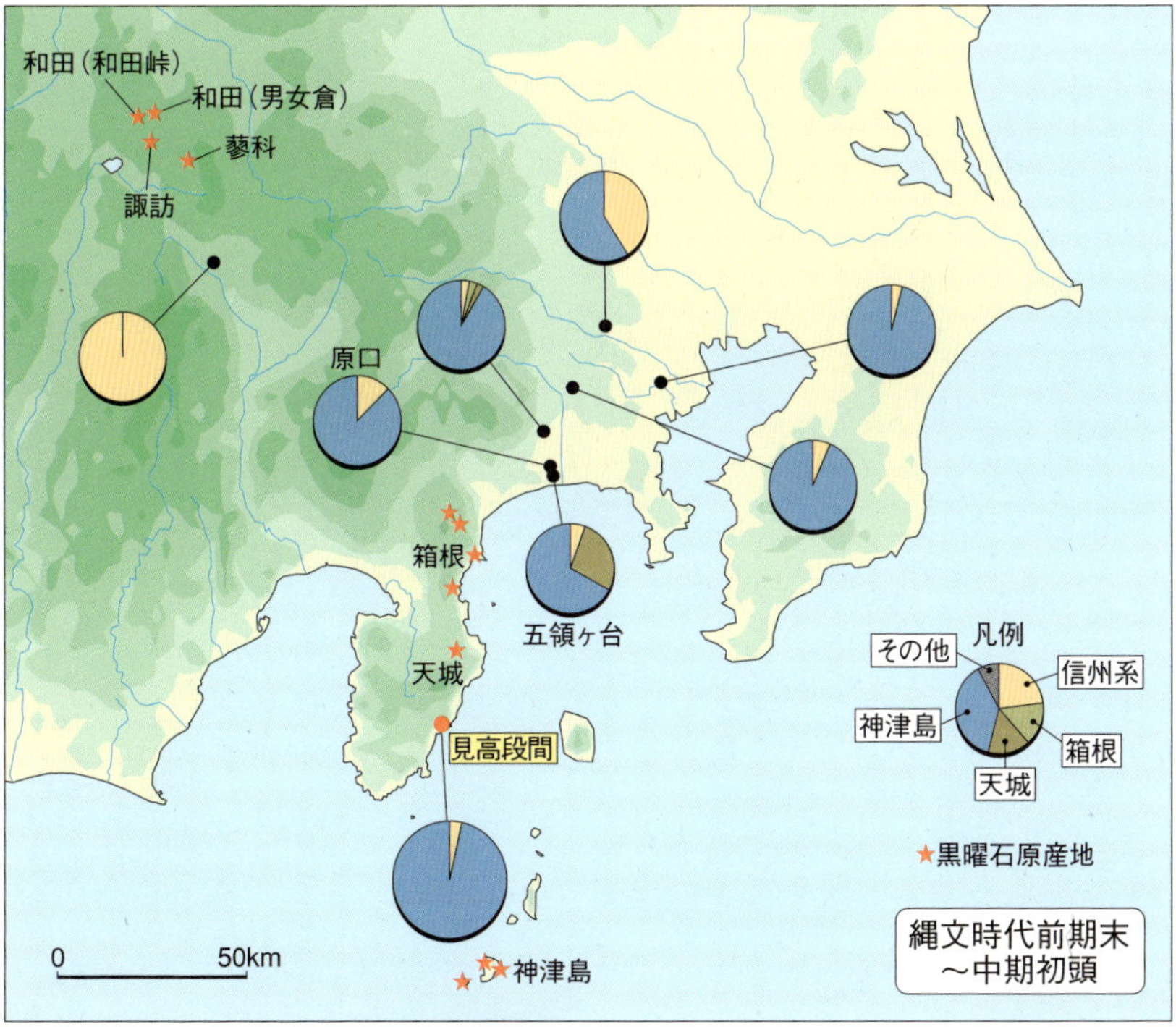

図31 ● 前期末～中期初頭の黒曜石原産地組成

から直接黒曜石を持ち込んだことももちろん考慮しておかなくてはならない。

しかし、「見高段間ブランド」が関東沿岸に広く行きわたっていた状況証拠もある。見高段間遺跡の中期初頭の包含層（5a層）から出土した長さ五センチメートル程度の撥形《ばちがた》をした分厚い黒曜石製石器に注目した橋本勝雄は、これを「段間型篦状《へらじょう》石器」と名づけている（図32）。橋本が収集した「段間型篦状石器」の類例は、東は千葉県粟島台《あわしまだい》遺跡や八《は》辺《べ》遺跡から西は静岡県星《ほし》の糞《くそ》遺跡に至る広い範囲におよび、神津島黒曜石の主体的分布範囲にほぼ重なる（図33）。

見高段間遺跡・原口遺跡以外でこの石器じたいの産地分析がおこなわれた例はまだないが、五領ヶ台貝塚などの産地分析の結果を考慮すれば、「段間型篦状石器」の多くは神津島産であった可能性がきわめて高い。

橋本はこの石器の出土遺跡が海岸部近くに限られていることから、外洋漁撈との関連を考えている。しかし静岡県柏《かしわ》窪《くぼ》遺跡や的場《まとば》遺跡は奥駿河湾岸に立地し、むしろ内湾というべき環境である。しかも柏窪遺跡から当時の海岸線までは少

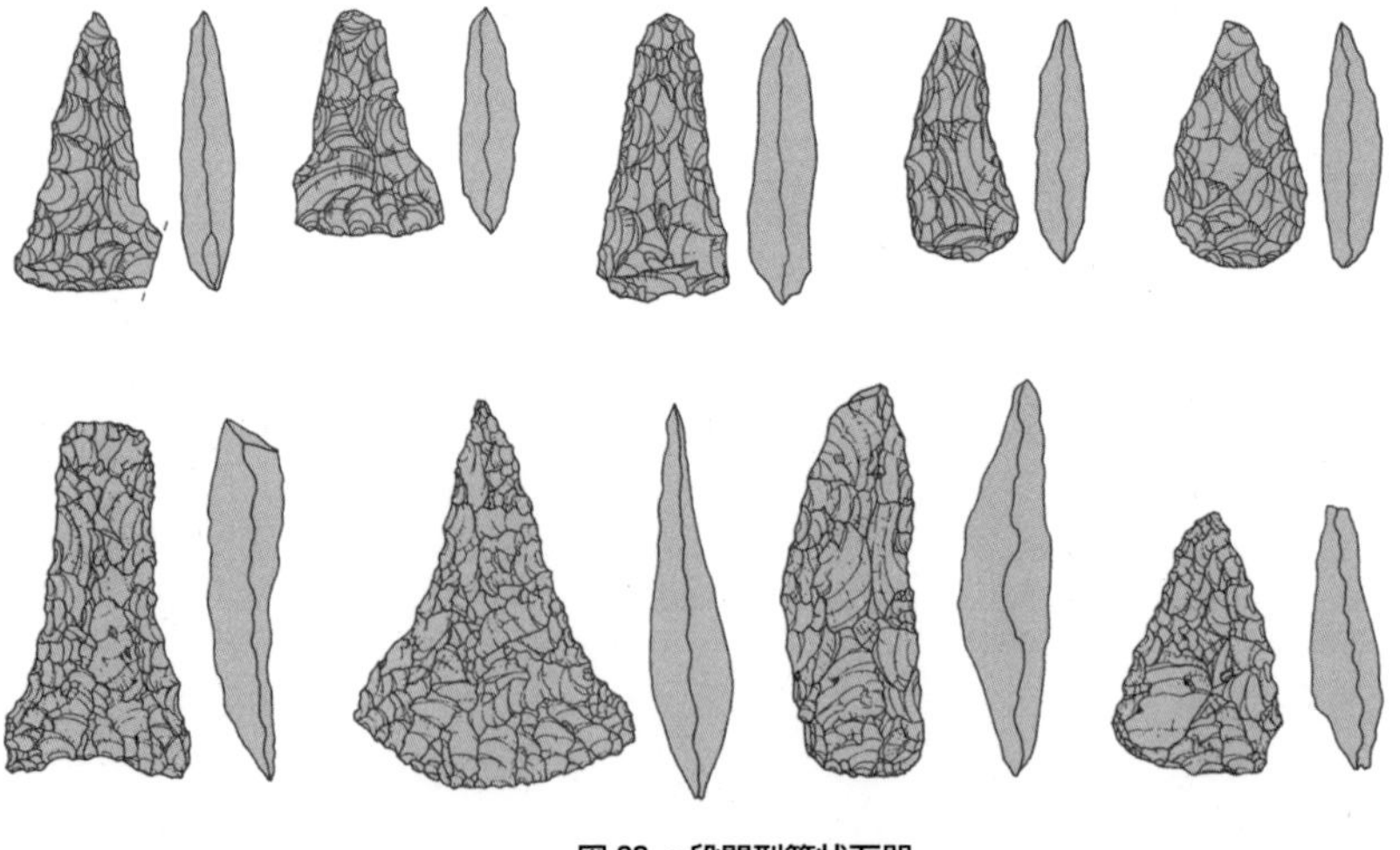

図 32 ● 段間型篦状石器
上：原口遺跡、下：見高段間遺跡（縮尺＝ 1/2）。

なくとも三キロメートルはあったと考えられる。また見高段間遺跡第Ⅲ次調査の六九点を別にすると、他の遺跡からの出土は数点どまりであり、外洋性の集落を支える漁撈具としては出土点数が少ないのも気になる。

　橋本の見解をまったく否定するものではないが、神津島黒曜石の流通にともなった象徴的な石器、つまり「見高段間ブランド」を誇示する威信材《いしんざい》としての性格も考慮しておく必要があるのではないか。いずれにせよ神津島黒曜石が流通した海岸線沿いに、特化した機能に対する共通認識を前提とする特異な石器が一様に分布する点は強調されてよい。

外洋性集落と神津島黒曜石　しかし橋本の指摘した中期初頭縄文文化の外洋的側面は神津島黒曜石の流通を考えるとき、別の重要な視点を提供する。

　関東地方周辺では前期中ごろを過ぎると遺

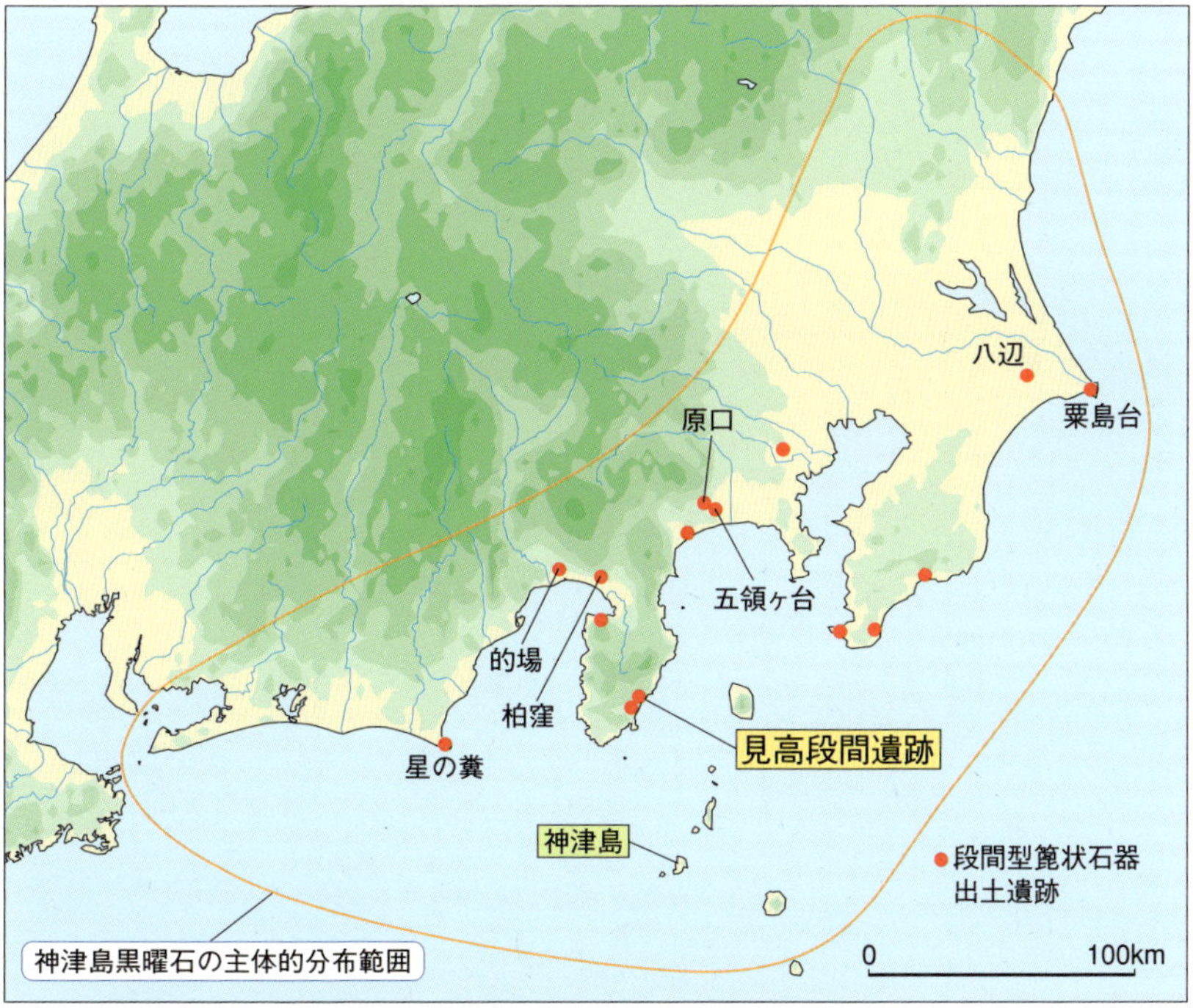

図33 ● 中期初頭の神津島黒曜石の分布範囲と段間型箆状石器出土遺跡
（橋本1984・1986をもとに作成）

跡数が減少し、中期初頭にかけて集落の遊動性が高まったものとされている。前期前半から中葉にかけて最大となった海進が前期後半には海退に転じるが、わたしは関東奥深くにまで広がっていた内湾的漁撈集落の生業基盤が失われたことをその理由の一つに考えている。内湾的漁撈従事者の一部は沼沢地となってしまった故地を捨て、外洋性漁業に活路を見出したのではないだろうか。前期後半からしだいに増えていく伊豆諸島や伊豆半島沿岸の中小の集落は、そうした果敢なエクスプローラー（開拓者）たちの活動の跡なのかもしれない。

黒潮分流を横切る神津島への航海をくり返し成功させるには、海況を読む知識と操船技術が不可欠である。神津島黒曜石の急激な増加とその流通の拠点である見高段間遺跡の成立には、中期初頭縄文文化の外洋的性格が深くかかわっているのだ。

縄文時代中期前半

機能を停止する「黒曜石の陸揚げ地」

まず図34から見ていこう。この段階も中期初頭に引き続いて関東地方では神津島産黒曜石が他の原産地を圧倒している。黒曜石の組成だけ見ると見高段間遺跡がなお神津島黒曜石の流通に中心的な役割を果たしていたかのようである。しかし、見高段間遺跡で発見されているこの時期の住居址はわずかに二軒で、第Ⅳ次調査一号住居址から出土した黒曜石はわずかに一五〇グラム、径一センチメートルより大きな剥片の数は二七点であった。

これに対して中期後半段階に属する第Ⅵ次調査二号住居址では、加工された黒曜石製石器だけで一二七点に達している。第Ⅳ次調査一号住居址の黒曜石量は中期前半の一般的な集落の住居と変わらない。したがって見高段間遺跡は「黒曜石の陸揚げ地」から一般的な中期前葉の集落へと変容し、各地から散発的におこなわれる神津島への渡航によって得られた黒曜石が関東地方に供給されたものと考えられる。

黒曜石の消費量は関東地方でも減っている。すでに紹介した原口遺跡では住居址一軒あたりの黒曜石出土量が中期初頭では六一九グラムであったものが、中期前半では二九二グラムになり、石鏃も三・八点から二・四点となっている（図37）。こうした傾向は信州系黒曜石の分布範囲内においても認められる。

図35の右下は山梨県一宮町《いちのみやまち》の釈迦堂《しゃかどう》遺跡の住居址一軒あたりの黒曜石の出土重量を示したものであるが、前期中葉でもっとも多

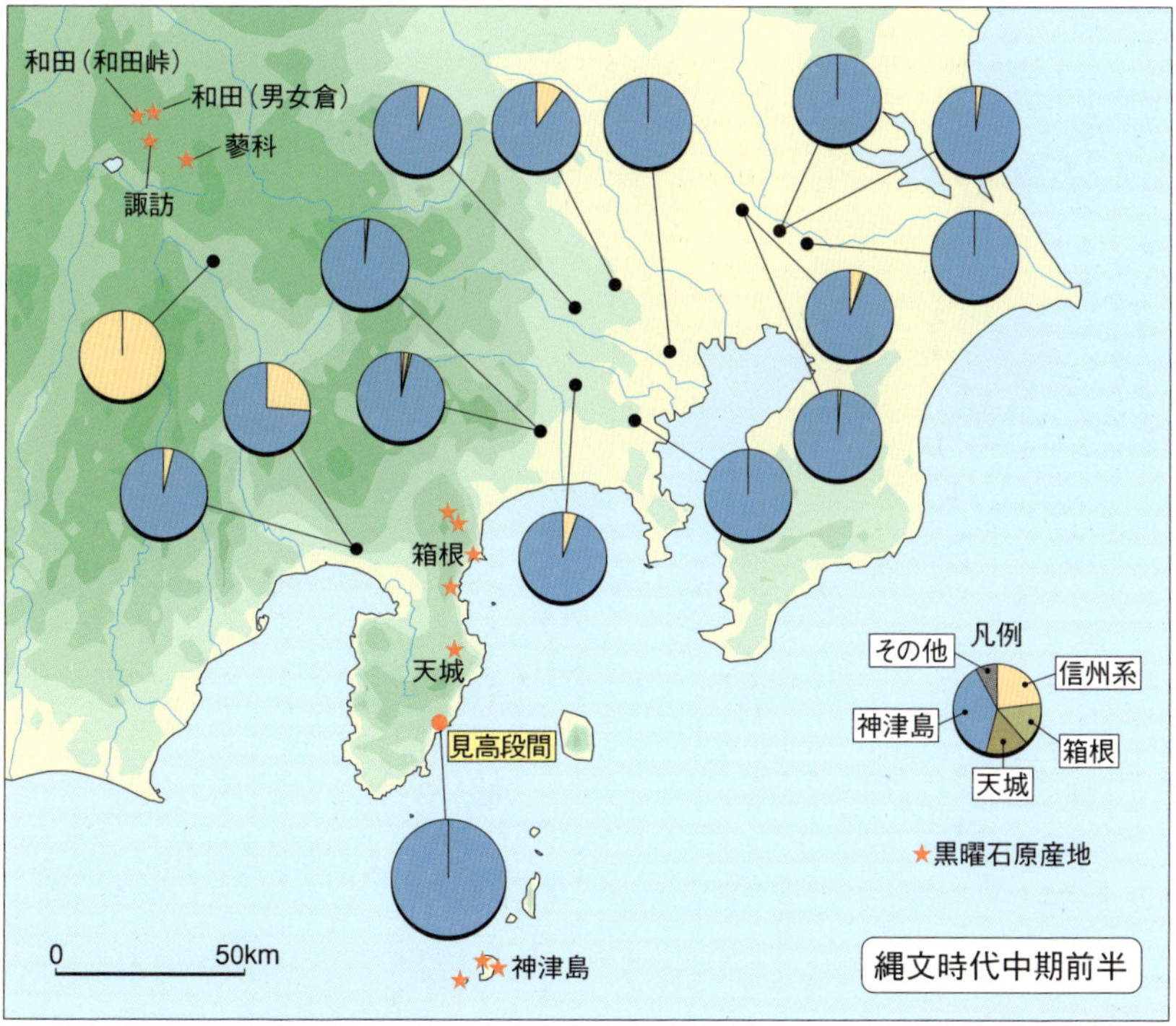

図34 ● 中期前半の黒曜石原産地組成

かったものが中期に向けて急激に減少している。縮小した信州系黒曜石の分布範囲内においても、神津島黒曜石と同様に黒曜石の供給量そのものが減少しているのである。

動物質食料から植物質食料へ　話をふたたび『かもしかみち』にもどそう。藤森栄一は中部高地の遺跡をめぐりながら、縄文中期集落から出土する石鏃の異常ともいえる少なさに気づく。狩猟採集社会であるはずの縄文時代、しかもその一つの頂点が刻まれた中部高地の縄文中期社会にいっこうに狩猟的な要素が認められず、打製石斧や磨石・石皿など植物質食料にかかわる遺物は目立って多い。藤森はその後半生をかけて「縄文中期農耕論」の実証にのめりこんでいくが、『かもしかみち』に掲載された「日本原始陸耕の諸問題」はその原点ともいえる記念碑的作品である。

学説としての「中期農耕論」は藤森の人生さながらの紆余曲折をたどる。しかし今では一部で栽培植物の存在が確実視されるようになり、その仮説はようやく部分的にしろ受け入れられつつある。しかし藤森の視点で重要なことは、それが農耕であるか否かの判断はおいても、極相まで利用の進んだ植物質食料が、縄文中期集落の定住化を支えたということである。

鷹山遺跡調査団を指揮する明治大学教授安蒜政雄《あんびるまさお》は、星糞峠における採掘の盛衰と中期社会の生業の変化を重ねあわせて理解している。後に少しくわしく述べるが、星糞峠での黒曜石の採掘活動は縄文時代中期になるといったん低調になり、麓の鷹山遺跡群における人びとの足跡も途絶えてしまう。安蒜教授は植物質食料への依存度が高まることによって石鏃の需要や価値が相対的に低くなり、それにともなって石鏃の石材である黒曜石の利用も減少したのではないかという。

図35上には山梨県釈迦堂遺跡の石器組成の変遷を示した。たしかに中期前半には狩猟活動の指標となる石鏃の割合が減少し、根茎類を掘るための道具である打製石斧が急激に増えている。住居址一軒あたりの出土数に示された石鏃じたいの点数も少なくなっている。

動物質食料から植物質食料へという生業の変化は、関東地方の遺跡分布にもよくあらわれている。海岸付近に立地する外洋的な性格の集落は減少し、内陸側の丘陵地により多くの大規模な集落が営まれるようになる。また前期後半から中期初頭にかけて増加した伊豆諸島の集落は、中期前葉に至って減少に転じている。

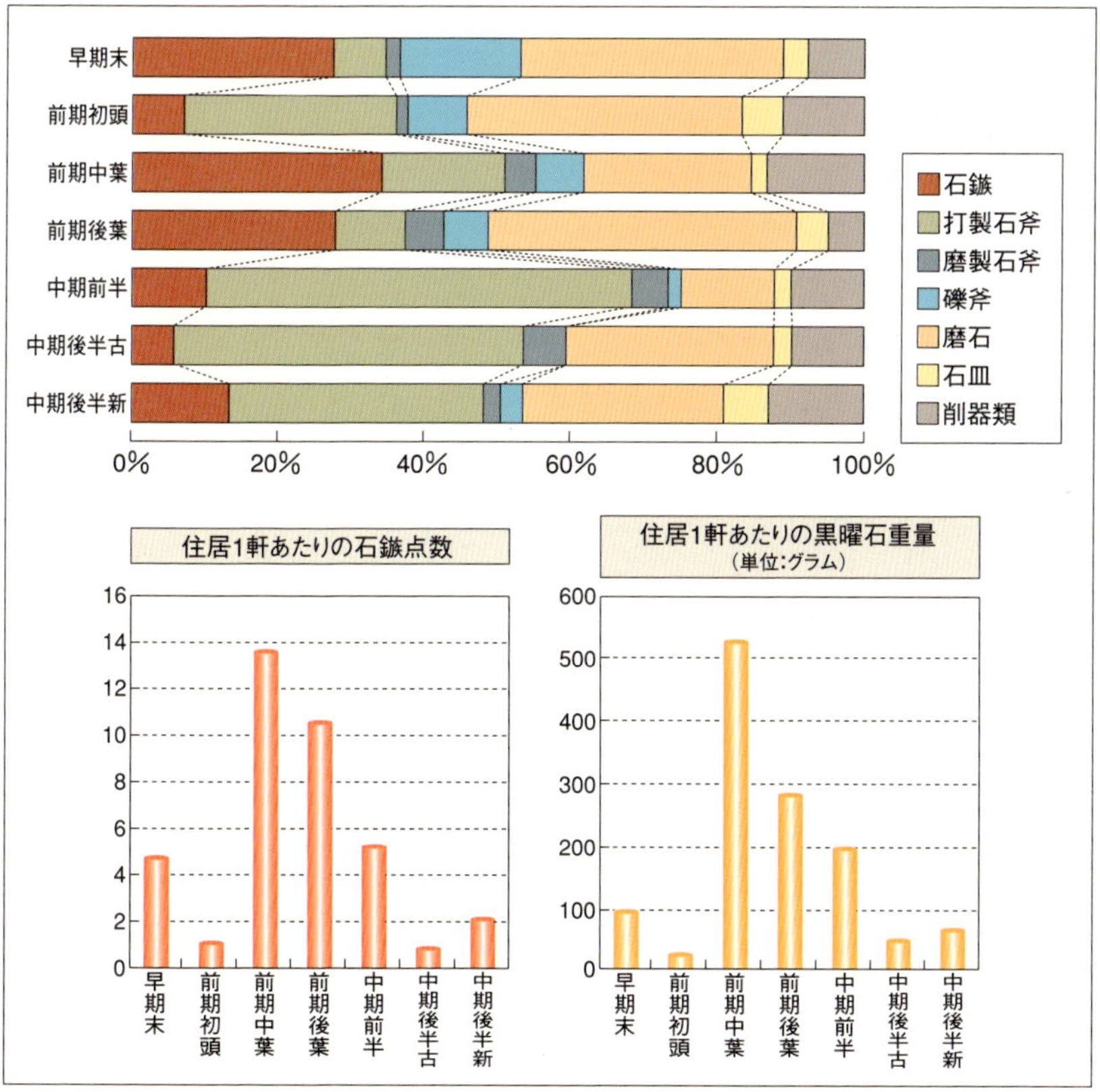

図35 ● 山梨県釈迦堂遺跡の石器組成（上）と石鏃点数・黒曜石重量の変化（下）

縄文時代中期後半

再び「黒曜石の陸揚げ地」へ　見高段間遺跡では第Ⅲ次調査（面積七四〇平方メートル）出土黒曜石の重量五五キログラムが示すように、中期後半になると再びさかんに神津島黒曜石が持ち込まれるようになり、台地の縁辺部を中心に住居が設けられる。集落としての最盛期である加曽利Ｅ３式段階には、中央の広場を取り囲む環状集落となっていた（図18）。

環状集落は関東・中部地方の定住度を増した縄文時代中期集落の典型的な姿として知られているが、伊豆を含む静岡県東部では、見高段間遺跡がその唯一の類例である。環状集落が存在しない理由には、他地域にくらべて集団の規模が小さいこと、移動性が高いなどの理由が考えられている。

図36を見てみよう。関東地方では相模川や多摩川などの中上流域を除けば、なお神津島黒曜石が主体となる状況が続いている。植物質食料に多くを依存する状況も前段階から引き継がれていて、石鏃とその石材となる黒曜石の消費量にも目立った増加は認められない（図37）。見高段間遺跡に中期初頭に次ぐ多量の黒曜石が持ち込まれていることを考えると、流通した神津島黒曜石全体に占める「見高段間ブランド」黒曜石の割合はかなり高かったものと思われる。

一方で今述べたように、伊豆半島のこの時期の集落は、規模が小さいうえに移動性が高いため、関東地方にくらべ黒曜石の消費量はさらに少なかった。したがって見高段間遺跡にいったん陸揚げされた黒曜石の大部分は、関東地方に向けて持ち出されたものと考えられる。

見高段間遺跡が伊豆半島で例をみない環状集落となったのも、関東地方の集団との深い結びつきを思えば納得がいく。

「黒曜石の陸揚げ地」の終焉　関東地方では中期後半のさらに後半段階、土器編年でいえば加曽利E3式段階ごろから、中部高地に源流域をもつ大河川の上流域からしだいに信州系黒曜石の比率が高まっていく。伊豆南端に近い松崎町平野山《ひらのやま》遺跡でも、神津島主体であったものが（図36、平野山1）、しだいに信州系黒曜石が増えていく状況がとらえられている（図36、平野山2・3）。さらに東京湾岸に近い大橋遺跡でも中期末近くになると信州系主体となっていく（図36、大橋）。

見高段間遺跡では加曽利E3式段階に集落としての最盛期を迎えたものの、続く加曽利E4式前半段階では住居址の数は急激に減少し、中期最終末となる加曽利E4式後半段階

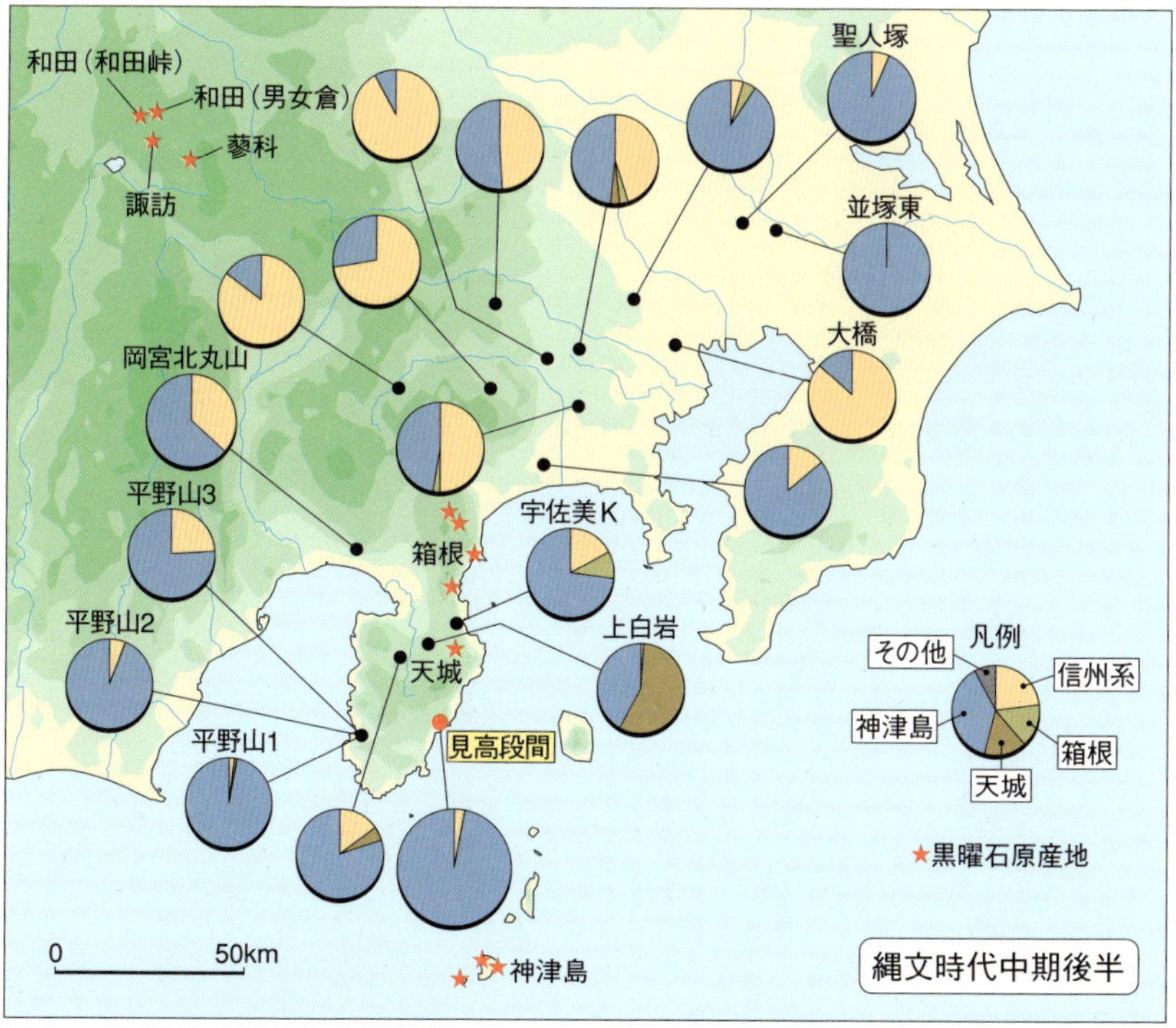

図36 ● 中期後半の黒曜石原産地組成

を待たずに集落は消滅してしまう。神津島黒曜石の急激な減少と時を合わせた見高段間遺跡の消滅は、この集落が神津島黒曜石の流通に果たした役割がいかに大きかったかをよく示している。

縄文時代中期末〜後期

不足する黒曜石　神津島黒曜石減少の傾向は中期末以降により明瞭になる（図38）が、静岡県沼津市内ではこの変化がさらに劇的にとらえられている。中期後半の岡宮北丸山《おかのみやきたまるやま》遺跡では、なお神津島黒曜石が主体となっていたが（図36、岡宮北丸山）、中期末の三明寺《さんみょうじ》遺跡（静岡県沼津市）では、信州系黒曜石が約九五パーセント以上を占める（図38、三

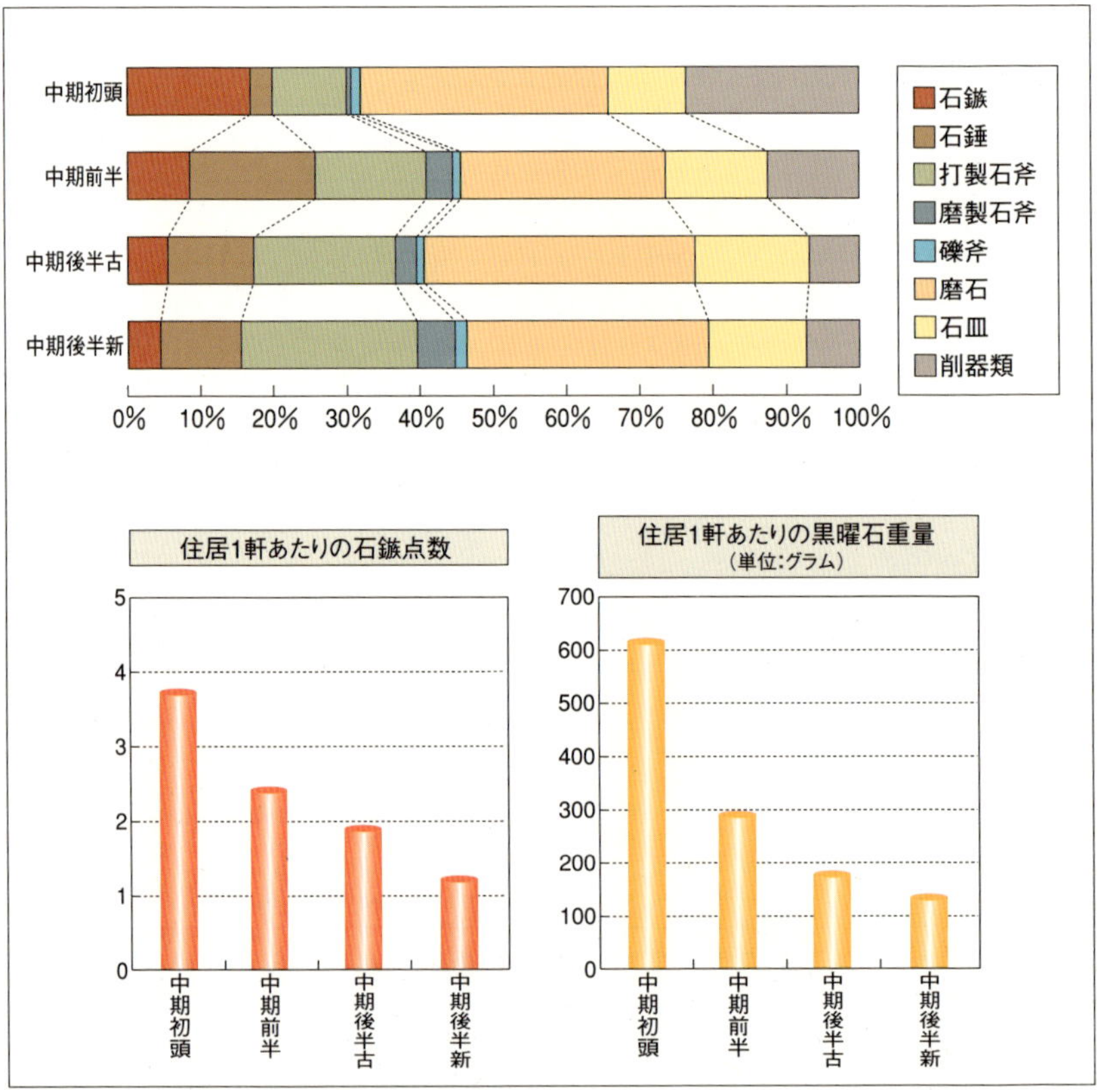

図37 ● 神奈川県原口遺跡の石器組成（上）と石鏃点数・黒曜石重量の変化（下）

明寺）ばかりか、遺跡内には石鏃を集中的に製作した跡がいくつも残されている。

見高段間遺跡が消滅した後、伊豆半島では中期末～後期にかけて遺跡数の減少が関東地方にくらべよりはっきりとしたかたちであらわれる。東伊豆町の宮後《みやご》遺跡はそうした後期前半段階の伊豆地方としては比較的規模の大きな集落である。後期になっても伊豆南東海岸で主体となるのは神津島黒曜石で（図38、宮後）、周辺の集落にくらべれば多くの黒曜石が持ち込まれ、石器製作がおこなわれた痕跡も認められている。

しかしもはや見高段間遺跡のように神津島黒曜石がありあまっている状況ではなかったらしい。図39を見てほしい。見高段間遺跡（第Ⅵ次2号住居址）と宮後遺跡の石鏃の長さを比較したものである。見高段間遺跡では一八ミリメートル前後と二四ミリメートル～

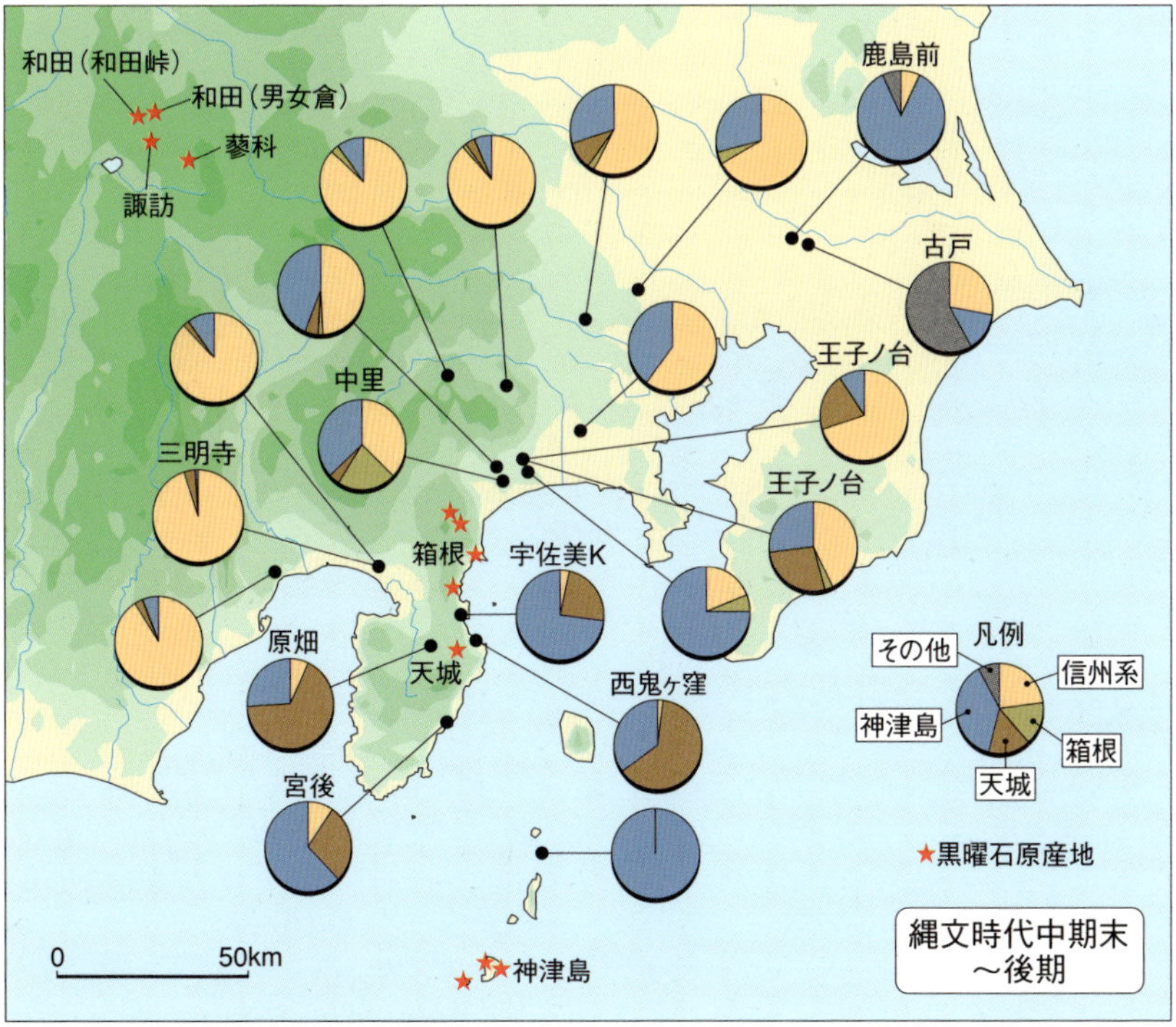

図38 ● 中期末～後期の黒曜石原産地組成

二七ミリメートルの二カ所にピークがあり平均値は約二四ミリメートルに達しているのに対して、宮後遺跡では一七ミリメートル前後にピークがあるだけで、平均値は約一八ミリメートルとかなり小さくなっている。図39の下段には比較資料としてほぼ同じ時期の集落である中伊豆町原畑遺跡の石鏃を示してみた。原畑遺跡は天城柏峠原産地の直下にある遺跡で、原産地組成も天城黒曜石が主体となるが、平均値は約二二ミリメートルであり宮後遺跡を上まわっている。

しかし信州系黒曜石にしても消費地の隅々にまで十分に行きわたっていたわけではない。すでにふれたように沼津市三明寺遺跡では信州系黒曜石の石器製作がおこなわれているが、この遺跡には径三センチメートルを超える剥片や原石、いわば石鏃の素材となるだけの大きさを保った黒曜石素材がほとんど残されていない。おそらく比較的小形の原石や剥片が持ち込まれ、黒曜石は徹底的に使い切って廃棄され

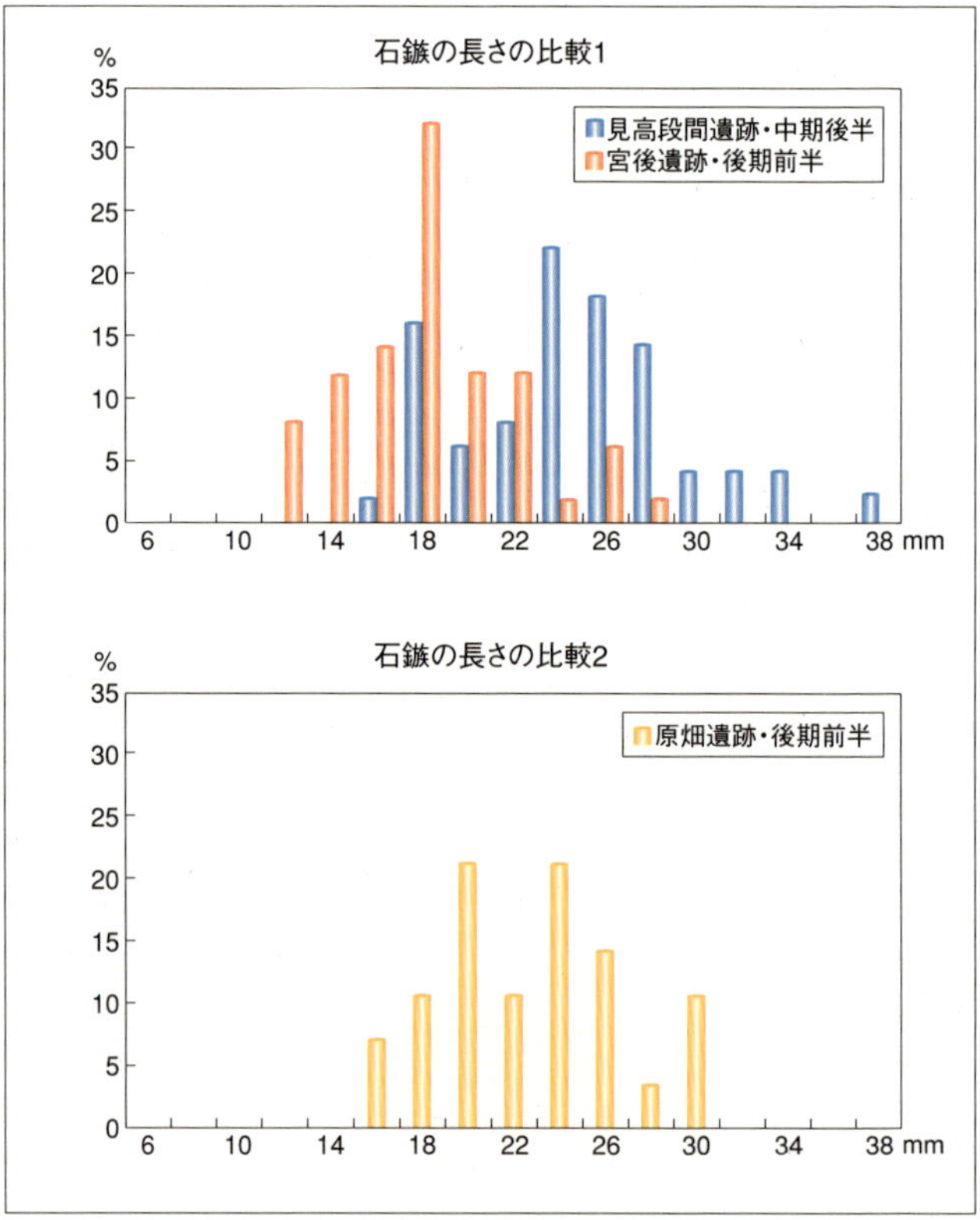

図39 ● 中期後半と後期前半の石鏃長さの比較

たものと思われる。宮後遺跡からも諏訪星ヶ台産の角礫状の原石が一点出土しているが、最大径はわずか四・〇センチメートルであった。

この時期に伊豆や西相模を中心として天城や箱根の原産地黒曜石が再び増加する傾向をみせるのは、神津島黒曜石に代わって増えつつあった信州系黒曜石も、必ずしも十分な供給量を確保することができなかったことを示しているのかもしれない。

3 信州「縄文鉱山」の再稼働

枯渇する黒曜石と「鉱山再開発」

長野県長門町にある星糞峠原産地では、峠近くの火口から東側の山腹をとおり鷹山川に向けて火砕流が流れ下っている。流紋岩質の火砕流じたいはすでに風化が進み、乳白色の粘土と化しているが、このなかに黒曜石は含まれている。

山腹に二〇〇あまりが存在する採掘址は、第一号採掘址の発掘調査によって、この白色粘土中に含まれる黒曜石を求めて掘られたものであることが明らかにされた。第一号採掘址からは関東地方の土器編年でいう加曽利B1式土器が出土しているが、これは縄文後期前半、それも中ごろに近い時期のものである。しかし発掘調査によって、時期がほぼ確定できたものはこの第一号採掘址だけである。実際に星糞峠で採掘活動が盛んにおこなわれたのはいつのことであろうか。

星糞峠採掘址群を含む鷹山遺跡群の発掘調査や表面採集の成果をもとに、彼らの居住や生業活動を時代ごとに追ってみると、縄文時代草創期〜前期までは活動が継続するものの、中期ではその影は薄くなり、後期に至って再び姿をあらわすという経過をたどる。鷹山遺跡群だけでなく、諏訪原産地の星ヶ塔や東俣《ひがしまた》、和田原産地一帯など、高地にある信州の原産地周辺には、縄文時代中期の集落が営まれることはあまりなかった。

中期に増加した人口を支えた植物質食料の採取あるいは栽培に、この標高一五〇〇メートルに達する冷涼な高原が適していなかったためであろうか、いずれにせよ定住性の高い大規模な集落を営んでいた信州の縄文中期の人びとも、鷹山遺跡群周辺への進出に積極的でなかったことは確かである。したがってこれからの調査で縄文後期中葉をさかのぼる採掘址の存在が浮上することもありうるが、今述べたような鷹山遺跡群の状況から、採掘の最盛期は後期以降にあったものとみてよいだろう。

星糞峠から山一つばかりを隔てた星ヶ塔のりこし遺跡でも、かつて採掘址が発見されたことがあり、出土した土器からその時期は縄文時代晩期と考えられている。星ヶ塔のりこし遺跡では最近になって再び縄文時代晩期の黒曜石採掘址の調査がおこなわれ、ここでも周辺の山腹に無数の採掘坑が分布していることが明らかになっている。

図 40 ● 星糞峠第 1 号採掘址の土層断面（左）と白色粘土中から出土した黒曜石原石
採掘が白色粘土層を掘り込んでいることがわかる。

いままでみてきた状況から、信州の各原産地での採掘活動は縄文時代中期に入るといったん低調になるものとみられる。黒曜石の多くは山腹や河床などに流れ出た転石の採取によって得ていたのであろう。強いて採掘をおこなわなくとも、少なくなった消費をまかなうだけの黒曜石は得られていたのである。

しかしその原石も、縄文中期後半も終わりに近づくと、消費地である関東地方での利用が増加したため、しだいに枯渇しつつあったものと予想される。こうした「採取圧」が、続く縄文時代後期の「縄文鉱山」の再開発につながっていく。

「縄文鉱山」を「再開発」したのはだれか

それでは信州の原産地を「再開発」したのはいったいだれなのだろうか。一つの重要な鍵を握るのが鷹山遺跡第一号採掘址から出土した後期土器である（図41）。

ところで黒曜石の採掘址からどうして土器が出土するのだろうか。採掘作業に直接必要な道具ではないのに、急な斜面にある採掘址やその周辺から土器が出土するのは不思議な気もする。しかしここまでやって来ても一回の採掘で必要とする黒曜石がそろうとは限らない。しかも二メートルを超える深さまで石器や木器で掘らなくてはならない。彼らはこの高地で少なくとも数日程度はキャンプ生活を送ることになったのではないか。携行した食料がつきることもあっただろう。煮炊きを可能とする土器の存在は、キャンプ地周辺で得られる食料の範囲を広げ、いわば「サバイバル」の状態にあった彼らの命をつなぐ貴重な道具であったのだ。

鷹山遺跡調査団では帝京大学山梨文化財研究所の河西学《まなぶ》に依頼して、第一号採掘址出土土器の産地を推定するための鉱物学的な分析をおこなった。河西によれば二一点の土器の多くは星糞峠からやや離れた霧ヶ峰から八ヶ岳周辺の粘土が用いられている可能性が高く、少なくとも南関東地域から持ち込まれたとは考えられないという。星糞峠で採掘に直接かかわったのは、黒曜石の消費地である南関東からはるばる遠征して来た人びとではなく、場所こそ特定できないものの信州原産地周辺の人びとであった可能性が高まった。

「縄文鉱山」の再稼働によって、信州の黒曜石原産地は縄文時代後期から晩期かけての長い間、関東をはじめとする広い地域へ黒曜石を供給することができた。しかしその流通は黒曜石を求める関東地方の人びとが、直接に採掘から消費までを担う自己完結的なものではなかった。成熟しつつあった後晩期の縄文社会を背景に、採掘と流通の

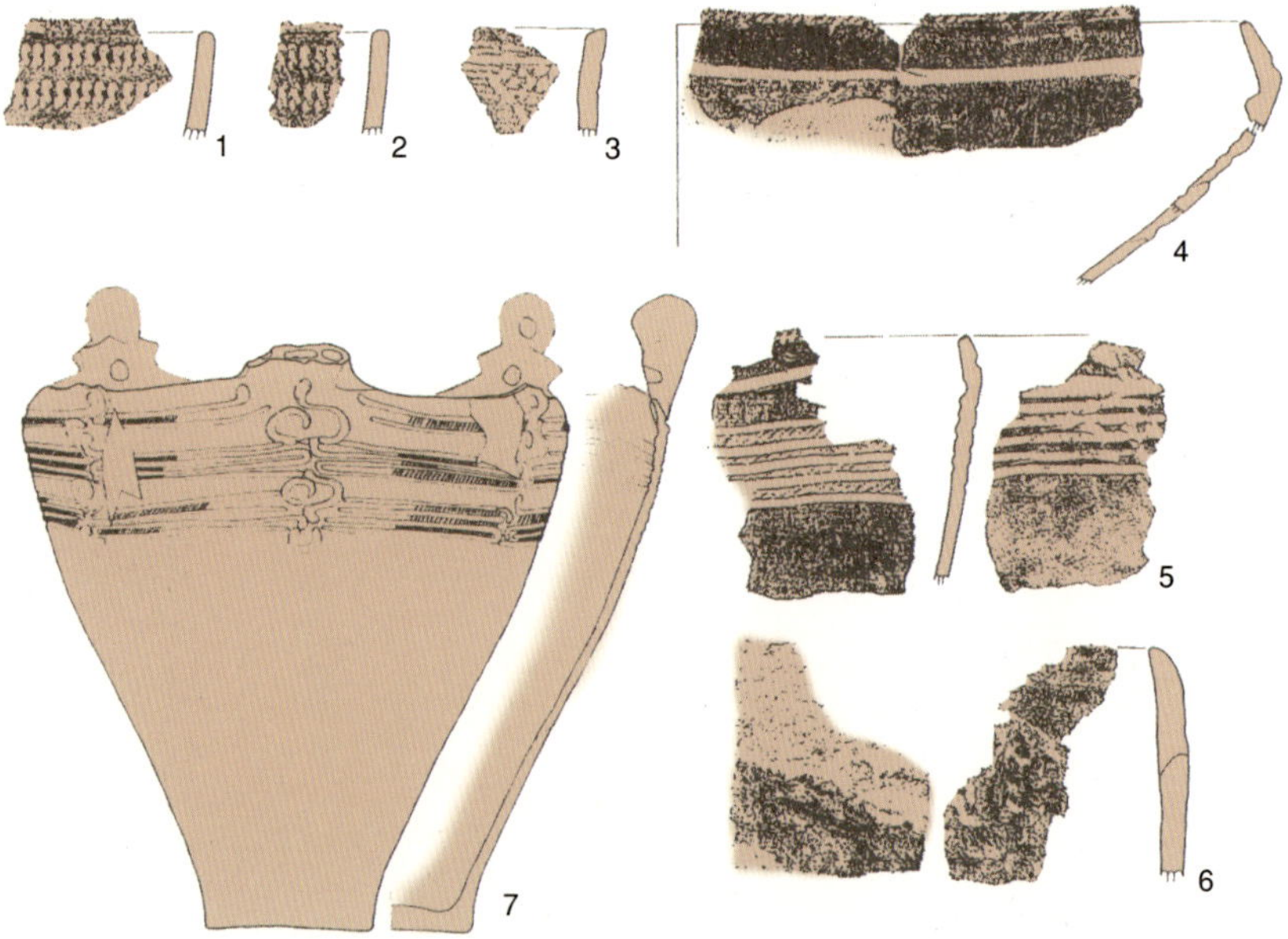

図 41 ● 星糞峠第 1 号採掘址から出土した土器
1 ～ 3 は縄文時代早期後半～前期前半、 4 ～ 7 は後期前半。

諸段階のそれぞれを、中部高地から関東地方につながる集落が担う組織化されたものであったと予想される。その実態解明の作業は今まさに始まったばかりである。

4 「海の黒曜石」を運んだ人びと

見高段間遺跡の土器はどこから?

「縄文鉱山」を開発した人びとはおぼろげながらみえてきた。今度は「海の黒曜石」を運んだ人びとについて考えてみよう。やはりこの問題には鷹山遺跡と同じように、見高段間遺跡から出土した土器の産地が重要な情報を提供する。

見高段間遺跡出土の縄文土器二七点の分析は増島淳《じゅん》先生（静岡県立沼津工業高等学校）に依頼した。増島先生の胎土《たいど》分析のキャリアはすでに三〇年以上にもなる。これまで続けてきた産地推定の方法は、河川で得られる砂粒の重鉱物組成と、土器に含まれる砂粒の重鉱物組成を照合するもので、そのために先生は中部関東地方の河川を支流を含めてくまなく歩きまわり、合計三〇〇カ所以上のバックデータを集めている。

一九七三年に発表された論稿の推定結果は、地元の研究者の意表をつくものであった。増島先生によれば、愛鷹山麓の縄文中期後半土器の大半は、甲府盆地周辺に産地が求められ、地元の粘土を使ったとみられるものは皆無に近いという。愛鷹山麓に住む縄文人は、その生命線ともいえる土器を甲府盆地周辺でつくられていたものに頼っていたことになる。

この説は、「土器は自前」、という感覚の強かった当時の学界からはほとんど顧みられることがなかった。しかし愛鷹山麓における縄文中期集落の調査が進むにつれ、その遊動性の高さがしだいに明らかになり、これらの集落は山梨方面から季節的に移住してきた人びとが営んだものであると考えられるようになった。

もちろん愛鷹山麓の縄文土器すべてが山梨方面の粘土を用いているということではない。愛鷹山麓には縄文草創期から前期前半にかけて、植物繊維を多く混ぜ込んだ特徴のある粘土が用いられているが、これらは在地産であるという結果が出ている。中伊豆方面の中期縄文土器には山梨県方面のものに加えて、近在の粘土が用いられるものも多い。

また最近ではこうした砂粒重鉱物組成法に加えて、蛍光X線分析による化学組成データを総合して産地を決定している。

増島先生から届けられたレポートをもとに分析の方法とその結果を紹介していこう。二七点の土器については、まず風化や汚染のおそれの少ない新鮮面を出すために研磨され、蛍光X線による化学組成の分析がおこなわれた。

図42上は、ルビジウム（Rb）・ストロンチウム（Sr）・ジルコニウム（Zr）の比を用いて、フォッサマグナ（静岡・糸魚川中央構造線）の東西を判別するために作成したものである。フォッサマグナをはさんだ日本の東と西では、地殻そのものの構成が異なるために、地表地質の化学組成にも影響が及んでいる。それがとくにこれらの三元素にあらわれることはすでによく知られ、須恵器《すえき》の産地推定などにも用いられることがある。図42上には、これまで増島先生

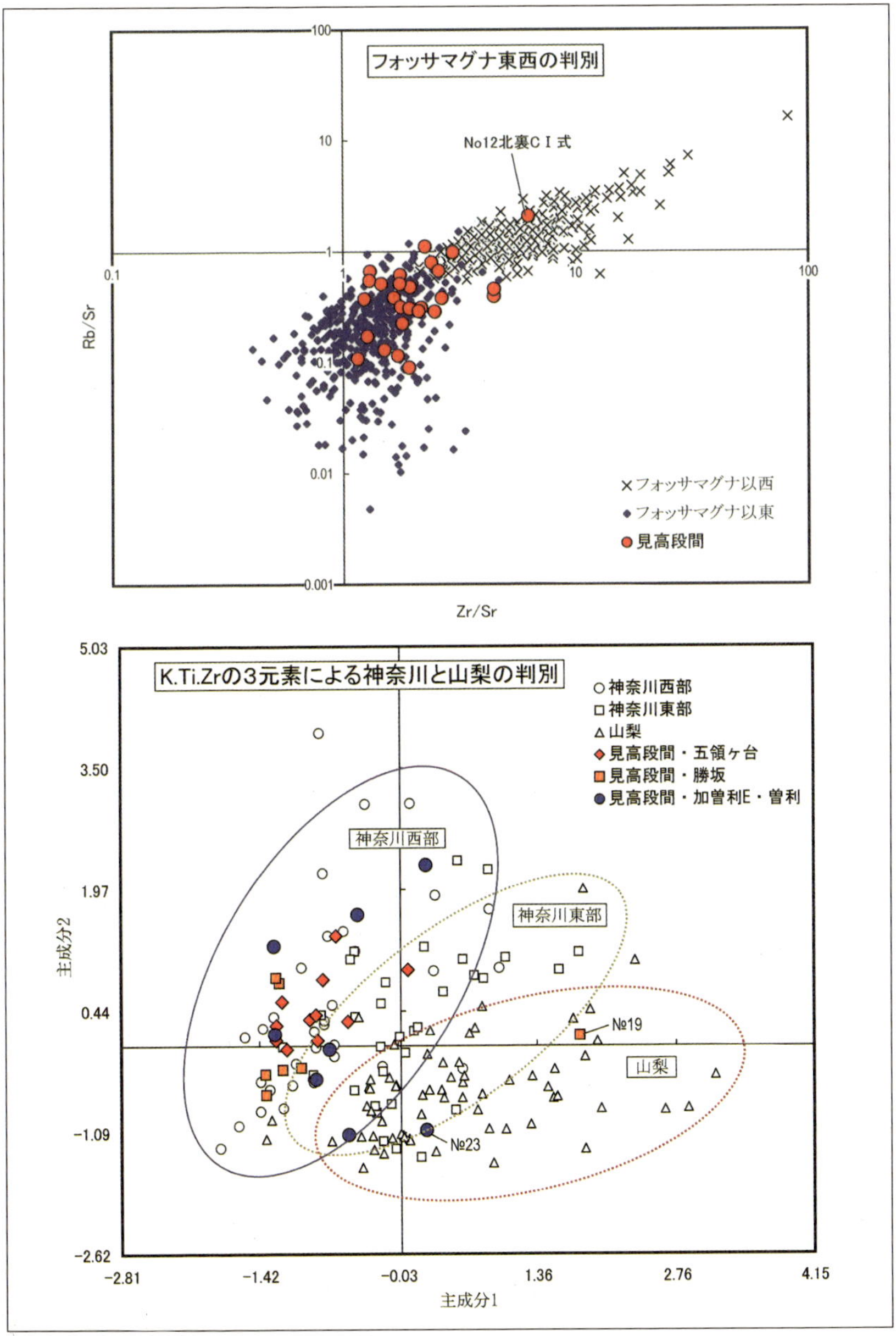

図42 ● 見高段間遺跡出土土器の産地推定判別図
神奈川県西部・東部、山梨県のデータは、それぞれから出土した縄文中期土器の測定値である。

が収集した東西の土器の分析結果に加えて、見高段間遺跡出土土器の測定値をプロットした。東海西部に分布する北裏ＣＩ式（No.12）を除いて、ほぼフォッサグナ以東の領域に属していることが理解されると思う。

さらに産地をもう少し絞り込むために、カリウム（K）・チタン（Ti）・ジルコニウム（Zr）の三元素を因子として主成分分析をおこなった（図42下）。No.19・No.23は神奈川東部から山梨にかけての領域にあるが、そのほかはすべて神奈川西部の領域に分布している。さらに細かくみると、五領ヶ台式と勝坂Ｉ式は神奈川西部の領域のやや下によくまとまっているが、曽利式・加曽利は分散する傾向がある。

この結果を検証するために、鉱物分析も試みた。まず土器の一部分をすりつぶして取り出した砂粒の鉱物を顕微鏡によって一つひとつ鑑定して鉱物組成をえる。鉱物組成で着目するのはｈｏ（角閃石《かくせんせき》）・ｏｐｘ（斜方輝石《しゃほうきせき》）・ｃｐｘ（単斜輝石《たんしゃきせき》）の三つで、その組成を示すために三角ダイヤグラム（図43下）を作成し、対比資料として周辺河川で採取した砂粒の鉱物組成も掲げた（図43上）。

上の図からみていこう。酒匂川《さかわがわ》は神奈川西部を南流し相模湾に注ぐ。上流域の丹沢《たんざわ》山地には花崗岩に似た石英閃緑岩《せきえいせんりょくがん》が分布し、その構成鉱物である角閃石を砂粒として酒匂川に供給している。酒匂川上流域がダイヤグラムの頂点に集中するのはこのためである。酒匂川河口付近では角閃石がほとんどみられず、斜方輝石・単斜輝石（両輝石《りょうきせき》ともいう）で占められるため、ダイヤグラムの底辺近くに位置している。これは下流にいくにしたがって箱根東麓から流入す

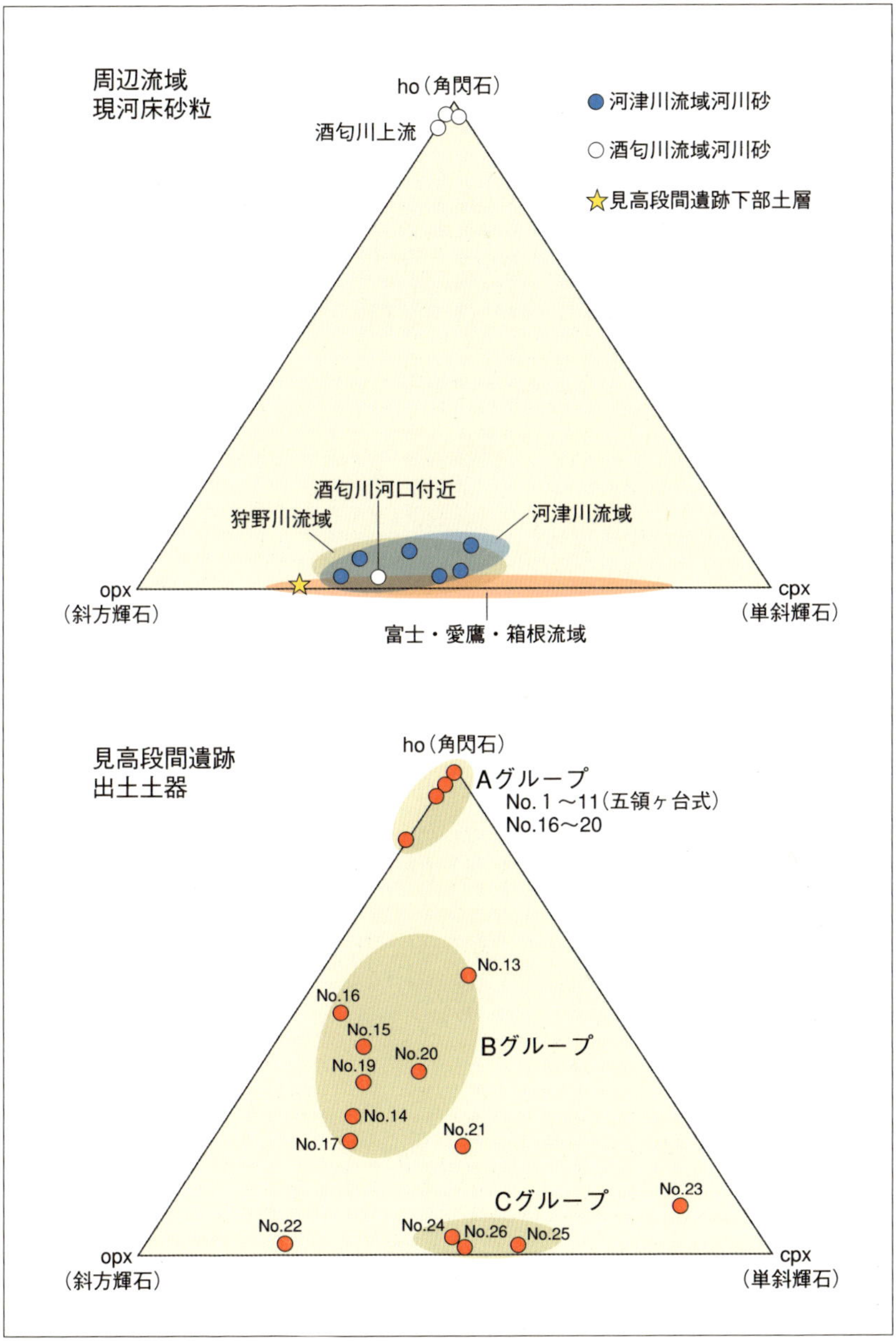

図 43 ● 見高段間遺跡出土土器と周辺河川採取砂粒の鉱物組成
上：周辺流域の現河床から採取した砂粒の分析。
下：見高段間遺跡出土の土器の分析。

る河川の影響が強くなるためと考えられ、採取したデータはないものの中流域はダイヤグラムの中央に分布するものとみられる。

またこれまでの増島先生の調査によって、伊豆半島を流れる狩野川《かのがわ》や富士山麓・愛鷹山麓・箱根山麓の中小の河川、さらに河津川の砂粒もダイヤグラムの底辺に分布することが明らかになっている。静岡東部や伊豆半島の山体には角閃石の母材となる石英閃緑岩や花崗岩がほとんど存在しないため、河川砂粒を構成する鉱物は両輝石（斜方輝石と単斜輝石）に富んだ鉱物組成になっているのである。

こうした河川砂粒の鉱物組成の特徴をもとに、図43下の見高段間遺跡出土土器をみてみたい。Aグループとした一群は、ほとんどが中期初頭の五領ヶ台式で占められているが、河川砂粒との対比によって酒匂川上流域が産地であると推定される。ダイヤグラムの中央に分布するBグループは酒匂川中流域の可能性が高い。

これに対してダイヤグラムの底辺に分布するCグループは、鉱物組成上では酒匂川河口付近であるのか、静岡東部の河川流域であるのか判断がつかない。しかし伊豆東南海岸の基層には磁鉄鉱が含まれることが多いが、見高段間遺跡出土土器にはそれが含まれない。また愛鷹・箱根山麓から出土する中期後半土器には在地の粘土を用いたものがほとんどなく、その多くは山梨方面から持ち込んだ土器である。したがって見高段間遺跡から出土する土器が愛鷹・箱根山麓で製作されたとは考えにくい。こうした状況からCグループについても神奈川西部である可能性が高いと判断された。

最終的な産地の決定は化学分析と鉱物組成による分析を総合しておこなっている（図44右列）。

中期初頭の五領ヶ台式土器は神奈川西部のそれも酒匂川上流域という限定した産地が想定された。中期後半も神奈川西部の可能性が高いものの、特定の地域との強い結び付きはなく、酒匂川中流域〜下流域、さらに神奈川東部〜山梨（No.23）も加えた広い範囲となった。

相模湾を望む人びと

見高段間遺跡にもっとも多くの黒曜石が集積された中期

	時期	型式	雲母	フォッサマグナの東西	重鉱物組成の特徴	重鉱物からの推定	総合判定
1	中期初頭	五領ヶ台式	++	東	圧倒的に角閃石に富む	伊豆半島以外	神奈川県西部方面
2			++	東	観察未実施		神奈川県西部方面
3			++	東	観察未実施		神奈川県西部方面
4			++	東	観察未実施		神奈川県西部方面
5			++	東	圧倒的に角閃石に富む	伊豆半島以外	神奈川県西部方面
6			++	東	圧倒的に角閃石に富む	伊豆半島以外	神奈川県西部方面
7			++	東	圧倒的に角閃石に富む	伊豆半島以外	神奈川県西部方面
8			++	東	観察未実施		神奈川県西部方面
9			++	東	観察未実施		神奈川県西部方面
10			+	東	圧倒的に角閃石に富む	伊豆半島以外	神奈川県西部方面
11			++	東	観察未実施		神奈川県西部方面
12		北裏CⅠ式（東海系）	−	西	圧倒的に角閃石に富む	他地域の北屋敷式と同じ	東海地方西部
13	中期前半	勝坂Ⅰ式	−	東	角閃石に富む	伊豆半島以外	神奈川県西部方面
14			−	東	3成分に富む	伊豆半島以外	神奈川県西部方面
15			−	東	角閃石に富む	伊豆半島以外	神奈川県西部方面
16			−	東	角閃石に富む	伊豆半島以外	神奈川県西部方面
17			−	東	3成分に富む	伊豆半島以外	神奈川県西部方面
18			++	東	圧倒的に角閃石に富む	伊豆半島以外	神奈川県西部方面
19		勝坂Ⅲ式	−	東	3成分に富む	甲府盆地の領域	甲府盆地方面
20	中期後半	曽利Ⅱ〜Ⅳ式	−	東	圧倒的に角閃石に富む	伊豆半島以外	神奈川県西部方面
21			−	東	3成分に富む	伊豆半島以外	神奈川県西部？
22			−	東	斜方輝石に富む	伊豆半島の可能性もある	神奈川県西部？
23			−	東	単斜輝石に富む	伊豆半島の可能性もある	神奈川県東部〜山梨県？
24		加曽利E3〜4式	−	東	両輝石に富む	伊豆半島の可能性もある	神奈川県西部？
25			−	東	両輝石に富む	伊豆半島の可能性もある	神奈川県西部？
26			−	東	両輝石に富む	伊豆半島の可能性もある	神奈川県西部？
27			−	東	3成分に富む	伊豆半島以外	神奈川県西部方面

図44 ● 見高段間遺跡出土土器の産地推定結果

初頭段階、その土器は北裏CⅠ式をのぞけばいずれも神奈川西部の酒匂川上流域に由来するものであった。したがって、この時期の見高段間集落は神奈川西部のどこかを故地とする集団によって営まれた可能性が高くなった。すでに述べたように、この時期には集落の遊動性が高まり、文化や生業に外洋的な色彩が強まってくる。そして見高段間遺跡だけではなく原口遺跡や五領ヶ台遺跡などの集落にも、比較的多くの神津島黒曜石が持ち込まれている。相模湾を中心に西神奈川－伊豆諸島－伊豆東海岸を遊動域とする集団による活発な黒曜石の採取と利用が、見高段間集落の成立に結びついたのではないだろうか。

見高段間遺跡ではこれまでのところ、中期初頭段階の竪穴住居址の発見がない。彼らの「住居」は中期後半段階のような恒久的な施設を備えたものではなく、斜面に上屋をかけた程度の簡便なものであったと思われる。ここで問題になるのが、西神奈川から移動してきた集団がどれだけの時間を見高段間遺跡で過ごしたかという点である。神津島までの航海の「風待ち」をする程度の停泊地であるか、あるいはここを一定期間の滞在地として神津島までの航海に備えたのか、それだけでこの集落のイメージは大きく異なってくる。

中期初頭の包含層である5a層からの遺物をもう一度確認してみよう。ここからは大量の土器とともに根茎類を掘るための打製石斧、伐採具である磨製石斧、漁網用の石錘、木の実を磨りつぶすための磨石・石皿、さらに炭化した種子などが多量に出土していた。つまり中期後半のような通年の居住地ではないにしても、その生活用具からは一定期間の居住を十分に想定することができるのである。

次章でふれる神津島への渡航の問題を考慮すれば、その季節は航海に適した春から夏、さらに天候の落ち着く秋にかけてではなかったろうか。そして彼らが移動先で他の集団と接触することが関東広くにもたらされた黒曜石の流通の起点となっていく。

集落としてのもうひとつのピークである中期後半段階、見高段間遺跡は静岡東部では例のない環状集落となる。周辺地域における中期後半の集落は、関東地方にくらべれば規模のごく小さなものが多く、黒曜石の消費量も限られている。したがって、これらの集落への供給が見高段間遺跡形成のおもな目的であったとは考えにくい。周囲に例のない環状集落となったのは、彼らがここまで来ても故地である神奈川西部での居住地の規範を捨てなかったということだろ

図45 ● 見高段間遺跡出土の土器
上：縄文中期初頭、下：縄文中期後半。

う。

出土土器はやはり神奈川西部とみられるものの、中期初頭とは異なりその化学組成や鉱物組成にばらつきが認められた。この時期の見高段間集落の定住性を考えると、それらは関東地方に流通した黒曜石の「交換財」であった可能性が浮上してくる。

この遺跡のシンボルともなっている一九・五キログラムの大形の黒曜石原石には、先端の尖った鹿角などの工具によってつけられた石器製作時のパンチ痕が無数に残されている。なぜあえて貴重な黒曜石の上で石器製作をおこなったのか。しかもその黒曜石の表面は平坦で石器を固定するにはあまりに滑りやすいのだ（図12）。

第Ⅰ次調査の記録では、この原石の周囲には「赤土」が盛られ、黒曜石片が散乱していたという。はるか神津島を望む高台の集落、小高く盛られた土の「ステージ」に見たこともない大きな黒曜石が置かれ、その上で日焼けした海の男が石器づくりをしている。

黒曜石を求めてこの見高段間集落を訪れた人びとが目にしたのは、こうしたエキゾチックな光景ではなかったろうか。

第5章　遙かな神津島

1　神津島への航海

伊豆南端に近い下田市大安寺《たいあんじ》に「薩摩十六烈士の墓」が祀られている。一六八八年（元禄元）、薩摩砂土原《さどはら》藩の藩船が江戸城西本丸改修用の御用材を江戸まで運ぶ途中、伊豆沖で時化《しけ》のために遭難しかかった。藩士は船荷の御用材を海に捨てて船を立て直し、なんとか下田海岸に漂着する。藩士一六名全員は御用材を捨てた咎《とが》が藩に及ぶことを恐れ、故郷に戻ることなくこの地で自害して果てた。

同じ下田市稲田寺《とうでんじ》には平安末期の作とされる定朝《じょうちょう》様式の阿弥陀仏が安置されている。港町下田にはいささか不似合いなこの華麗な木像は、じつは京都で彫られて海路を平泉《ひらいずみ》に運ばれる途中、伊豆沖で難破した船に載せられていたという。平泉で金箔が施されることになっていたらしく、木像の地肌がむきだしになったままである。

太平洋航路の最難所の一つとして知られる伊豆南端の沿岸には、こうした難船の記録や伝承がいくつも残されている。縄文時代、神津島から見高段間遺跡へ黒曜石を運ぶ航海は、この危険な海域をわずか数メートルの丸木舟で漕ぎ切る過酷なものであった。

両脚を前に投げ出して漕ぐ丸木舟の目線はおよそ一メートルほどで、二・五メートルのうねりが当たり前のこの海域では、つねに視線より高い水面の恐怖にさらされる。波の方向に対して船首を直角に近く保つと舟は安定するが、それだけでは目的地に向かうことはできない。シーカヤックでは横波の来る方向にやや舟を傾け、さらに波と逆側のパドルを多少長く持って浮力をかせぐ方法で対処するが、おそらく当時もこれに近い方法が意識するしないは別として使われていたのだろう。

障害はこれだけではない。神津島と伊豆の間には黒潮分流が相模湾に向け北上している。その平均的な速度は時速四キロメートル、丸木舟の巡航速度は五キロメートル前後であるから、神津島からの帰路はかなり北に向かって流されながらの航海となる。これに西からの風が加われば、伊豆東海岸にたどり着くことはかなり難しくなる。実際に伊東から大島に向かったベテランのシーカヤッカーが風に流されて房総沖で救助されたこともあった。

縄文時代にも見高段間集落に戻ることなく黒曜石とともに波間に消えていった遭難者が何人もいたことだろう。より確実な航海のために彼らは天気と季節を慎重に選んでいたものと思われるが、とくに西風の強い冬場は神津島への渡航はおこなわれなかったのではないだろうか。北太平洋で発達した革張りのカヤックの船体が密閉されているのに対して、丸木舟は開口部が広く、荒れた海では航海の間じゅう、下半身に波しぶきを受けつづけることになる。冬場長時間の航海は低体温症の危険も大きい。水中では陸上の同じ温度と比較すると、約二五倍のスピードで体温がうばわれるという。真冬の神津島周辺の海水温は約一五度だが、その水温でも意識不明になるまではわずか一時間から二時間とされている。

それでは実際に神津島・見高段間間の航海にはどれたけの時間がかかったのだろうか。島根県と日本海を隔てた隠岐《おき》にも黒曜石の原産地がある。一九八二年に松江市内の小学校の先生たちが隠岐黒曜石の本土側への流通を実証するために、島後久見《とうごくみ》の黒曜石を載せた手作りの丸木舟で本土まで漕ぎ渡った。最終日の島前郡港《とうぜんこおりこう》・島根半島七類港《しちるいこう》間の実漕航距離は五六キロメートル、所用時間は一二時間四三分、平均速度は時速四・四キロメート

図46 ● 見高段間遺跡から神津島を望む
水平線にかすかに見える島影の左が利島、中央が新島・式根島、
右側の空がやや明るいところに神津島がある（宮本達希氏撮影）。

ルであった。舟を日常の足にしている縄文人ならば、もう少し速い五キロメートル程度を巡航速度としてもいいだろう。

神津島・見高段間遺跡間の直線距離は約六〇キロメートルであるから、丸木舟の巡航速度である時速五キロメートルで単純に割ると一二時間になる。しかし実際には北側に多少カーブしたコースが予想されるし、海が荒れてくれば波を乗り越えるだけでも漕ぐ距離は増えていく。一日の航海としては限界に近い距離であり、この点からも航海に適した季節は日の長い夏場であったものと考えられる。

2 「海の黒曜石」から「山の黒曜石」へ

箱根畑宿の黒曜石約一〇キログラムを担いで三〇分足らずの山道を下ったことがあるが、リュックの中の黒曜石の場所が定まらず、バランスをとるのにかなりのエネルギーを費やした。シーカヤックに一〇キログラム近くの荷物を積んで漕いだこともある。こちらは多少速度が遅くなったもののそれほど苦になるレベルではなかった。むしろ重心が下がって安定感が増した印象のほうが強かった。

縄文時代中期の神津島黒曜石の隆盛は、航海や漁撈など外洋に適応する技術の獲得が背景にあることを指摘したが、「海の黒曜石」の魅力はなんといっても徒歩にくらべた舟の輸送量の多さを活かせる点にある。この輸送量が第Ⅲ次調査の黒曜石重量二五〇キログラムという、本州ではほかに例をみない大量の黒曜石の「備蓄」を可能にしたのである。

それではなぜ魅力ある「海の黒曜石」が見捨てられ、縄文後期には関東地方の全域に近い範囲が「山の黒曜石」である信州系黒曜石の流通圏にとり込まれていくのだろうか。外洋性の漁撈が衰えたというのだろうか。答えはむしろ否定的にならざるを得ない。縄文時代後期の前半には東北地方から宮戸《みやと》・綱取《つなとり》系の外洋性文化要素の波及が認められるし、橋口尚武《なおたけ》によれば三宅島以南に生息域が想定されているオオツタノハガイ製貝輪が、この時期の関東地方でめだって増えているという。

関東地方では後期になるとしだいに河川流域を一つの単位として墓制や祭祀が統合していく傾向がみられる。「山の黒曜石」はこうして統合されつつあった河川単位の地域集団の間をあたかも「バケツリレー」のように受

図 47 ● 伊豆南東海岸を行くシーカヤック
シーカヤックの長さは約5m、縄文の丸木舟の長さはその2倍足らずである。海の大きさに対して手漕ぎの舟はあまりに小さい。見高段間からの出航もこのようなイメージだったと思われる。最後尾が著者。

け渡されていったのではないだろうか。とすれば「山の黒曜石」の入手にかかるコストやリスクは、中期の「海の黒曜石」のそれにくらべればかなり低かったとみることができよう。そこには中期初頭のような外洋航海にたけた相模湾を遊動域とする集団、あるいは中期後半のような神津島黒曜石の流通に独占的な地位を築いた集団はもはや必要とされなくなったのかもしれない。

そののち縄文時代晩期にかけて、関東地方における生業の対象はふたたび植物質食料から動物質食料に軸足を移していく。その背後には「縄文鉱山」から切り出され、河川筋の交易のルートをたどってもたらされる信州産黒曜石と石鏃の存在があった。

「海の黒曜石」流通の基点である見高段間遺跡の役割についてわたし自身のエピソードも絡めながら述べてみた。その検討のなかで、「海の黒曜石」から「山の黒曜石」への移行に、採掘から流通までの仕組みや、その背後の社会組織がかかわっていたのではないかという疑問も浮上してきた。この疑問を解き明かすには、黒曜石の流通経路上にある各集落における原材料の搬入から石器づくり、さらに搬出という連鎖を、よりくわしく検討していく必要がある。これからはわたしも見高段間遺跡をいったん後にして、陸揚げ地から消費地へと向かう彼らの航跡をたどりながら黒曜石のゆくえを明らかにしていきたい。

あとがき

家に帰るとまず分析装置のスイッチを入れるのが日課になって一年半ほどが過ぎようとしている。一点の黒曜石の計測に約六分、休日は首にタイマーを下げ、時間がくると装置の前に戻っては次の黒曜石をセットする。一〇〇点の黒曜石を分析するのには連続で作業しても約一〇時間、スローガンの「全点分析」は時間との戦いでもある。

はたから見れば根気のいる終わりのない作業に思われるであろうが、それが今のわたしには何よりも楽しく充実した時間になっている。黒曜石の一点一点が当時の交易や流通、さらに社会へそのままつながっているのだから。

おぼつかない記述ではあったが、見高段間遺跡と神津島黒曜石の盛衰が、縄文社会の大きな動きと密接にかかわっていることを読者にも理解していただけたかと思う。「黒曜石がわかれば縄文社会がわかる」。これが本書のキーワードであった。

「遺跡を学ぶ」シリーズの多くは、教科書にもでてくるような全国的に著名な遺跡がとりあげられている。そして矢出川《やでがわ》遺跡の由井茂也《ゆいしげなり》、尖石《とがりいし》遺跡の宮坂英弌《みやさかふさかず》、モヨロ貝塚の米村喜男衛《よねむらきおえ》といったまさに「かもしかみち」を歩んだ研究者との関わりが感動的に紹介されている。それにくらべ見高段間遺跡は知名度という点ではこれらの遺跡に遠くおよばず、また遺跡に半生を賭した地域研究者がいるわけでもない。しかし、見高段間遺跡はこれらの遺跡に肩をならべるだけの豊かな内容をもった縄文時代研究には欠かすことのできない遺跡である。本書での紹介がこの遺跡の重要性が広く認識される契機となればと思う。

わたしと望月先生の新しい黒曜石の分析法は必ずしもすんなりと学界に受け入れられたわけではなかった。そうしたなかで、「全点分析」の意義をまっ先に評価したのが織笠昭《おりかさあきら》氏であることを知る人は少ない。「砂川以来の石器分析法の変換点」と、こちらとしては面はゆい表現までしてくれた織笠氏は、一昨年突然にこの世を去られてしまった。「最初の著書を織笠さんの霊前に」、という明子《あきこ》夫人との約束をようやく果たすことができた。

また蛍光X線分析装置のランニングコスト、分析資料の借用にかかる旅費などについては、二〇〇三年度に筆者が授与された「大久保忠和《ただかず》考古学奨励基金」から支出した。明治大学で考古学を志しながら道半ばに不慮の事故で逝った大久保忠和君のご冥福を祈るとともに、「大久保基金」を設立されたご両親に感謝申し上げたい。

望月先生との出会いがきっかけとなった黒曜石研究であるが、蛍光X線分析装置の購入は非才なわたしにも新たな可能性を与えてくれた。無謀とも思える高価な買い物をあっさりと許してくれた妻と本書のささやかな成果を祝いたい。

見高段間遺跡を見学する人のために

石造りの旧天城トンネル、伊豆の踊り子で知られる温泉街、そして黒潮の洗う豊かな海、そんなかつての河津町のイメージに、最近では二月早々から春を待ちかねたように淡いピンクの花を咲かせる河津桜が加わりつつある。

残念ながら河津町が誇るべき見高段間遺跡の出土遺物を公開展示している施設はないが、早春に河津町内の温泉宿に泊まり、見高段間遺跡を徒歩で見学するコースを勧めたい（16ページ、図8参照）。

河津桜の時期には、河津川沿いの桜並木の歩道は首都圏からの観光客で都会の雑踏なみの混雑である。人混みを避けたい方は河津浜北側の駐車場に車を停め、城山からつづく岬をめぐるように設けられた遊歩道を北に歩くとよい。断崖から海にせり出すように幹を伸ばす桜は、河津川の水面に映る可憐な桜とはまたすこし違う凛とした趣がある。さらに北を望むと河津桜の枝ごしに今井浜海岸、その先に見高段間遺跡をのせる海蝕台を見ることができる（写真）。

見高段間遺跡までは国道をたどらずにそのまま浜づたいに歩くものいい。河津桜の時期はハンバ・ナノリなどの岩のり掻きのシーズンでもある。見高の集落に入り、見高橋を渡ったら、真乗寺を右手に見ながら見高川沿いの路地を行き、見高神社への参道を上りつめると、見高段間遺跡のある河津東小学校が見えてくる。河津浜の駐車場から四〇分ほどの道のりである。

ここからは空気が澄んでいれば、新島・利島・式根島、さらに神津島を遠望することができる（87ページ、図46参照）。見高段間と神津島間の六〇キロメートルは思った以上に遠く感じられるはずだ。校庭の東側隅には体育館に隠れるようにして復元住居があり、校舎内には教室一つ分の展示室がある。一般公開はしていないので、見学希望の方はあらかじめ河津町教育委員会に連絡してほしい。

河津浜北の遊歩道から河津桜ごしに見高段間遺跡方向を見る

刊行にあたって

「遺跡には感動がある」。これが本企画のキーワードです。

あらためていうまでもなく、専門の研究者にとっては遺跡の発掘こそ考古学の基礎をなす基本的な手段です。また、はじめて考古学を学ぶ若い学生や一般の人びとにとって「遺跡は教室」です。

日本考古学では、もうかなり長期間にわたって、発掘・発見ブームが続いています。そして、毎年厖大な数の発掘調査報告書が、主として開発のための事前発掘を担当する埋蔵文化財行政機関や地方自治体などによって刊行されています。そこには専門研究者でさえ完全には把握できないほどの情報や記録が満ちあふれています。しかし、その遺跡の発掘によってどんな学問的成果が得られたのか、その遺跡やそこから出た文化財が古い時代の歴史を知るためにいかなる意義をもつのかなどといった点を、莫大な記述・記録の中から読みとることははなはだ困難です。ましてや、考古学に関心をもつ一般の社会人にとっては、刊行部数が少なく、数があっても高価なその報告書を手にすることすら、ほとんど困難といってよい状況です。

いま日本考古学は過多ともいえる資料と情報量の中で、考古学とはどんな学問か、また遺跡の発掘から何を求め、何を明らかにすべきかといった「哲学」と「指針」が必要な時期にいたっていると認識します。

本企画は「遺跡には感動がある」をキーワードとして、発掘の原点から考古学の本質を問い続ける試みとして、日本考古学が存続する限り、永く継続すべき企画と決意しています。いまや、考古学にすべての人びとの感動を引きつけることが、日本考古学の存立基盤を固めるために、欠かせない努力目標の一つです。必ずや研究者のみならず、多くの市民の共感をいただけるものと信じて疑いません。

監　修　戸沢　充則
編集委員　石川日出志　小野　正敏
勅使河原彰　佐々木憲一

著者紹介

池谷信之（いけや・のぶゆき）

1959年静岡県の伊豆韮山に生まれる。明治大学大学院文学研究科修士課程修了。現在、沼津市文化財センター主任学芸員。
2003年に黒曜石の産地分析のため蛍光X線分析装置を自費で購入。趣味はシーカヤック。休日には、伊豆南海岸を漕ぎながら縄文人の航海に思いをはせる。
主な著作　「遺跡内における黒曜石製石器の原産地別分布について」『静岡県考古学研究』26、『葛原沢第Ⅳ遺跡』沼津市教育委員会、「石材管理と石器製作」『帝京大学山梨文化財研究所研究報告』11、「潜水と採掘、あるいは海をわたる黒曜石と山を越える黒曜石」『黒曜石文化研究』2。

写真所蔵先

静岡県教育委員会：図7、9、13(上)、14、16、45
國學院大學学術フロンティア事業：図10
『河津町見高段間遺跡　第二次調査報告書』：図13(下)
明治大学考古学研究室：図40
宮本達希：図46
上記以外は著者提供

シリーズ「遺跡を学ぶ」014

黒潮を渡った黒曜石・見高段間遺跡（みたかだんまいせき）

2005年 4月 1日　第1版第1刷発行

著　者＝池谷信之

発行者＝株式会社 新 泉 社
東京都文京区本郷2-5-12
振替・00170-4-160936番　TEL03(3815)1662／FAX03(3815)1422
印刷／太平印刷社　製本／榎本製本

ISBN4-7877-0534-2　C1021

シリーズ「遺跡を学ぶ」（第1期・全30巻　毎月1、2冊刊行）

001	北辺の海の民・モヨロ貝塚	米村　衛
002	天下布武の城・安土城	木戸雅寿
003	古墳時代の地域社会復元・三ツ寺Ⅰ遺跡	若狭　徹
004	原始集落を掘る・尖石遺跡	勅使河原彰
005	世界をリードした磁器窯・肥前窯	大橋康二
006	五千年におよぶムラ・平出遺跡	小林康男
007	豊饒の海の縄文文化・曽畑貝塚	木﨑康弘
008	未盗掘石室の発見・雪野山古墳	佐々木憲一
009	氷河期を生き抜いた狩人・矢出川遺跡	堤　隆
010	描かれた黄泉の世界・王塚古墳	柳沢一男
011	江戸のミクロコスモス・加賀藩江戸屋敷	追川吉生
012	北の黒曜石の道・白滝遺跡群	木村英明
013	古代祭祀とシルクロードの終着地・沖ノ島	弓場紀知
別冊01	黒耀石の原産地を探る・鷹山遺跡群	黒耀石体験ミュージアム

A5判／96頁／定価1500円十税